Die Kunst der Psychologie

Das 1x1 der Manipulation: Wie Sie Menschen lesen, Emotionale Intelligenz trainieren und Kommunikationsmethoden im Alltag anwenden

Maximilian Schwarz

ISBN – 9798799611804

Inhaltsverzeichnis

Einleitung

Kaum habe ich auch nur eine Dreiviertelsekunde die prall gefüllte Auslage des Marktstandes betrachtet, hat mich die Verkäuferin schon in ein lockeres Gespräch verwickelt. „Wo kommen Sie denn her..? Ach wie interessant, da kommt die Schwester ihres Mannes auch her... Jaa eine sehr schöne Stadt, ganz reizend!" Ohne es bemerkt zu haben, habe ich ein kleines Glas Schaumwein in der Hand, mit dem ich eifrig angereichte Käsestücke herunterspüle. Ob es mir schmecken würde? Ob ich auch den anderen Käse noch gern probieren würde? Ob mir aufgefallen wäre, dass der Sekt mit Feigen elaboriert wurde? Woher ich meine Bluse hätte, die sei wirklich schön? Für welchen Käse ich mich denn entschieden hätte?

Völlig benommen entfliehe ich dem Fragenhagel – mit einem halben Kilo nicht gerade preisgünstigen Blauschimmelkäse in der Hand. Mist. Ich wollte doch eigentlich nur Gemüse kaufen. Während ich mich noch über meine eigene Beeinflussbarkeit ärgere, höre ich die freundliche Verkäuferin schon den nächsten Kunden bezirzen: „Ach, wie lustig! Meine Oma kommt auch aus Köln! Ein Schlückchen Sekt gefällig?“

Was war gerade passiert? Ganz einfach. Ich wurde nach Strich und Faden manipuliert. Ich habe freiwillig und ganz ohne Zwang etwas getan, was ich eigentlich gar nicht wollte. Paradox eigentlich! Natürlich weiß ich, dass gerade im Verkauf der (mal mehr, mal weniger) subtilen Manipulation potentieller Kunden keine Grenzen gesetzt sind. Das wusste ich auch schon, bevor ich an den Käsestand trat. Nichtsdestotrotz bin ich sehenden Auges in die Falle getappt, wie eine Maus in die Falle.

Wenn das Schlimmste, was uns durch leichte Manipulierbarkeit passieren könnte, ein Stück Blauschimmelkäse wäre, könnten wir eventuell unseren Frieden damit schließen. Na gut, könnten wir sagen, im Verkauf werden wir eben manipuliert. Was soll´s? Ich stelle mich darauf ein und gut ist.

Doch leider beschränkt sich das Problem nicht auf Verkauf und Werbung. In allen Lebensbereichen können wir, oft ganz ohne es zu bemerken, manipuliert werden.

Die geschickte Chefin, die uns schon wieder dazu bekommt Überstunden zu machen, obwohl wir diesmal WIRKLICH keine Zeit hatten.

Der charmante Verkäufer, der uns Dinge verkauft, die wir eigentlich gar nicht haben wollen.

Der knallharte Konkurrent im Kampf auf die Beförderung, der uns von unserer eigenen Inkompetenz überzeugt, obwohl wir eigentlich wissen, dass wir qualifiziert sind.

Auch totalitäre Regimes und Diktaturen manipulieren ihre Bevölkerung gezielt mit Fehlinformationen und künstlich erzeugten Emotionen, bei denen den Betroffenen eingeredet wird, sie müssten ihrem Staat dankbar sein oder stünden bei ihm in der Schuld.

Denken Sie einmal kurz nach. Erinnern auch Sie sich an Situationen, in denen Sie gegen Ihren eigenen Willen gehandelt haben? Entscheidungen, die Sie mit diesem dumpfen Gefühl der Fremdbestimmung getroffen haben? Haben Sie sich auch schon einmal im Nachhinein über Ihre eigene Beeinflussbarkeit geärgert, so wie ich über meinen unüberlegten Käsekauf?

In dem oder der Betroffenen bleibt in der Regel ein mulmiges Gefühl von Frustration, Ärger und Machtlosigkeit zurück. Und selbst wenn sie sich darüber klar werden, manipuliert worden zu sein (was längst nicht immer der Fall ist), suchen die meisten Menschen die Schuld bei sich selbst. Viele sind überzeugt, „zu schwach“, „nicht willensstark genug“ oder „zu naiv“ zu sein, anstatt der*m Manipulator*in in die Verantwortung zu ziehen. Klar, die Entscheidung wurde ja von ihnen „frei“ getroffen, weshalb auch nur sie selbst Schuld an ihrer eigenen Misere sind. Im Verlaufe dieses Buches werden wir lernen, dass diese destruktiven Denkmuster sind nicht nur FALSCH sind, sondern auch langfristige psychische Gefahren bergen. Man wird immer unzufriedener mit sich, traut sich immer weniger zu und kann, im schlimmsten Falle, an einer Depression erkranken.

Höchste Zeit einmal innezuhalten und sich zu fragen: In welchen Situationen ich manipuliert? Sind meine Entscheidungen wirklich MEINE Entscheidungen? Kann ich die Kontrolle über mein Leben zurückgewinnen, indem ich Manipulatoren entlarve und mich aktiv dagegen wehre? Kann ich eventuell sogar den Spieß umdrehen und Manipulationstechniken für meine Ziele nutzen?

Reißen Sie in Ihrem sozialen Umfeld ein paar Fassaden ein und finden Sie heraus, was für Absichten eigentlich in Ihren Mitmenschen stecken. In diesem Ratgeber werden Sie lernen, auch unterschwellige und subtile Manipulation zu erkennen und Strategien entwickeln, sich ihr erfolgreich zu widersetzen. Sobald Sie einmal ein Auge dafür entwickelt haben, werden Sie sich ganz bestimmt nicht mehr alles gefallen lassen!

Was ist Manipulation und wie funktioniert sie?

Beeinflussung vs. Manipulation

Wir alle sind von unserem Umfeld beeinflussbar. Als soziales Lebewesen ist es quasi unvermeidbar, von den Meinungen, Wünschen und Bedürfnissen anderer Personen umgeben zu sein und sie in unsere persönliche Lebenserfahrung zu integrieren. Wechselseitige Beeinflussung ist nun erst mal nichts Schlimmes, im Gegenteil führt sie dazu, dass wir immer wieder neue Erfahrungen machen können.

In dem Moment, in dem Sie Ihrem Freund ein Buch empfehlen, nehmen Sie Einfluss auf seinen Intellekt. Wenn Sie Ihrer Mutter im Restaurant die Lasagne empfehlen, nehmen Sie Einfluss auf ihre Essensbestellung. Sogar eine unbekannte, vorbeilaufende Person, deren grüne Jacke Sie schön finden, kann Einfluss auf Ihre nächste Kaufentscheidung nehmen.

Der große Unterschied zwischen Beeinflussung und Manipulation ist, dass Manipulation gewinnorientiert ist. Sie empfehlen Ihrer Mutter die Lasagne nicht, weil Sie sie ihr verkaufen wollen, sondern weil Sie ihr einen ehrlichen Ratschlag geben wollen. Diesen äußern Sie klar und deutlich, ohne Hintergedanken. Manipulation beginnt dann, wenn jemand seinen Einfluss auf andere zu seinem eigenen Vorteil nutzt. Wenn das Restaurant Ihnen beispielsweise eine Kommission auf jede verkaufte Lasagne zahlen würde, wäre Ihr Ratschlag nicht mehr gut gemeint, sondern nur Mittel zum Zweck.

Im Lexikon der Psychologie wird Manipulation folgendermaßen definiert:

„Gezielte Einflussnahme auf Menschen, ohne deren Wissen und häufig gegen deren Willen(...) mit dem Ziel, ihn kontrolliert für eigene Zwecke zu benutzen (…) Dabei bleibt der Anschein von Entscheidungsfreiheit erhalten."

(Lexikon der Psychologie,
https://www.spektrum.de/lexikon/psychologie/manipulation/9152).

Diese „eigenen Zwecke" können ganz unterschiedlicher Art sein. Oft sollen die Betroffenen natürlich dazu gebracht werden eine, dem Manipulator nützende, Handlung auszuführen. Ein Produkt kaufen. Unbezahlte Überstunden machen. Das Treppenhaus für den Nachbarn putzen.

Doch manchmal verlangt die manipulierende Person mehr von Ihnen. Sie sollen nicht nur etwas für sie tun, sondern auch bestimmte Gefühle dabei haben. Gerade Personen aus Ihrem nahen Umfeld denken oft, ein unumstößliches Recht auf Ihre Liebe, Ihre Zuneigung, Ihr Verständnis, Ihre Einfühlsamkeit oder Ihre Geduld zu haben. Wo es so viele Erwartungen gibt, sind Enttäuschungen vorprogrammiert.

Um diesen zu entgehen, wird in zwischenmenschlichen Beziehungen, wie Ehen, Partnerschaften, Freundschaften und Familien, extrem häufig mit emotionaler Manipulation gearbeitet. Oft sind sich die manipulierenden Personen dessen nicht einmal bewusst. So können Personen wegen neuen Beziehungen alte Freundschaften aufgeben, wegen alten Freundschaften keine neuen mehr schließen oder aus „Schuldgefühlen“ in einer Beziehung oder Freundschaft sein, die man eigentlich nicht mehr gutheißt. Diese emotional aufgeladene Form der Manipulation ist extrem schwierig zu entschlüsseln und es ist noch schwieriger, ihr einen Riegel vorzusetzen. Daher werde ich diesem Thema später im Buch noch ein eigenes Kapitel widmen.

Natürlich sind Ihre Gedanken und ihre politisch-soziale Einstellung nicht immun gegen gezielter Manipulation. Nicht nur in Diktaturen arbeiten Regierungen mit der Manipulation der Massen. Gerade in Zeiten von Fake-News, Donald Trump und dem globalen Rechtsruck ist es extrem wichtig, sich darüber im Klaren zu sein, dass Informationen und Falschinformationen gezielt dazu eingesetzt werden, politische Meinungen zu formen. Sich in der Informationsflut zurechtzufinden und sich einen differenzierten Standpunkt zu erarbeiten ist nicht unmöglich, erfordert aber Zeit, Ausdauer und einen wachen Geist, der in der Lage ist Manipulationsversuche zu entlarven.

Sogar die eigene ERINNERUNG kann manipuliert werden. Jeder kennt das Phänomen, dass zwei verschiedene Menschen ganz unterschiedlich an ein und dieselbe Situation erinnern können. Doch in Experimenten konnte nun sogar bewiesen werden, dass man auch falsche Erinnerungen bei Menschen hervorrufen kann. Durch kleine psychologische Tricks konnten sie dazu gebracht werden, sich an Ereignisse zu erinnern, die eigentlich nie passiert sind. Gruselig...

Wie funktioniert Manipulation?

Der Mensch ist darauf gepolt, sich an seinem Umfeld zu orientieren. Schon Babys imitieren ihre Eltern, um zu lernen in der Welt zurechtzukommen. Dieser Instinkt geht nie komplett verloren. Forscher haben herausgefunden, dass Menschen sogenannte „Spiegelneuronen“ besitzen, deren Hauptaufgabe es ist, Verhaltensweisen anderer Menschen zu kopieren. Ein berühmtes Beispiel für die Funktionsweise dieser Nervenzellen ist die Ansteckungskraft des Gähnens. Kaum fängt einer damit an, gähnen auch alle anderen plötzlich los. Das kann sogar dazu führen, dass Sie plötzlich Müdigkeit verspüren, die vorher gar nicht da war. Nur weil Ihr Sitznachbar ein paar Mal kräftig gegähnt hat! Das hat sich Mutter Natur natürlich nicht nur zum Spaß ausgedacht, sondern erfüllt einen wichtigen Zweck für das Zusammenleben in Gruppenkontexten. Dank der Spiegelneuronen fällt es den Menschen leichter, sich in andere Menschen und ihre aktuellen Bedürfnisse hineinzuversetzen. Das Empfinden des Gegenübers wird sozusagen „miterlebt“. Das hat zur Folge, dass sich Menschen in ihrer Gruppe umeinander kümmern, weil sie Schmerzen oder

Kummer des Anderen nachvollziehen können. Deshalb werden Spiegelneuronen auch manchmal Empathie-Neuronen genannt. Auch in Gefahrsituationen sind sie überaus hilfreich. Wenn Sie beispielsweise eine Gruppe panisch schreiender Leute auf Sie zurennen sehen, werden Sie wohl kaum in Ruhe Ihr Eis zu Ende essen und die Rechnung bestellen. Ihre Spiegelneuronen versetzen Sie sofort in Alarmbereitschaft und teilen Ihnen mit: „Renn besser hinterher, aus der Richtung scheint Gefahr zu kommen."

Sie können sich übrigens ganz leicht selbst von der Existenz der Spiegelneuronen überzeugen. Wenn Sie das nächste Mal jemandem gegenüber sitzen, ändern Sie einfach ein paar Mal Ihre Sitzposition. Es wird nicht lange dauern, bis Ihr Gegenüber Sie „spiegelt" und in eine ähnliche Position geht.

Das Bedürfnis nach Zugehörigkeit und Anpassung, unterstützt von der Existenz von Spiegelneuronen bilden zwei wichtige Pfeiler für das hohe Maß an Beeinflussbarkeit, das dem Menschen innewohnt.

Ein weiterer neurologischer Faktor ist das Lernverhalten von Menschen. Wir sind, wie der Volksmund so schön sagt, Gewohnheitstiere. Von einfachen Abläufen über emotionale Bewertungen bis hin zu komplexen theoretischen Gedankenspielen – wir erlernen Verhaltensmuster und Denkstrukturen für jede Lebenssituation. So existieren viele psychologische Experimente, die belegen, dass sich der Mensch in den meisten Situationen an seinem Schatz an Wissen und Erfahrungen orientiert, anstatt die Begebenheit völlig neu zu bewerten. In einem davon wurden Probanden gebeten, den Geschmack und die Qualität dreier verschiedener Weine zu vergleichen. Davon sei einer sehr teuer, einer in der mittleren Preisklasse und der dritte preisgünstig. Nicht nur die Antworten der Probanden wurden aufgenommen, sondern auch ihre, für den Geschmack verantwortlichen, Gehirnareale wurden gescannt. Wie zu erwarten wurde der teuerste Wein als „der beste“ eingestuft, während der günstige Wein am schlechtesten abschnitt. Auch die Geschmackszentren zeigten bei dem teuren Wein eine deutlich höhere Aktivität, er hat den Probanden also wirklich besser geschmeckt. Die Überraschung der Teilnehmer*innen war groß als sie erfuhren, dass ihnen in Wahrheit dreimal der exakt selbe Wein vorgesetzt worden war! Einzig und allein der Glaube an Qualität hat das Geschmacksempfinden der Testpersonen beeinflusst. Dieses Wissen kann Ihnen bei der nächsten Essenseinladung übrigens einen Haufen Geld sparen: Anstatt einen teuren Wein zu kaufen, können Sie einfach behaupten einen teuren Wein gekauft zu haben! Aber das nur am Rande...

Lösen wir uns von unserem klaren Bewusstsein und steigen hinab ins Unterbewusstsein; diesem dunklen, geheimnisvollen Ort, an dem sich große Denker, wie Freud, Jung oder Fromm, seit Jahrhunderten die Zähne ausbeißen. Wo ist es, wie funktioniert es, wie kann man aktiv darauf zugreifen? Alles Fragen, deren Antwort noch aussteht. Klar ist nur folgendes: Es hat eine unheimliche Macht über unser Denken und Handeln, da es unsere tiefsten Ängste, Wünsche und Bedürfnisse speichert. Und da diese Prozesse eben nicht im Bewusstsein abspielen, merken wir auch gar nichts davon und sind der festen Überzeugung rational gehandelt zu haben, obwohl wir eigentlich von unseren unterbewussten Gefühlen geleitet wurden. Die schlechte Nachricht ist, dass auch das Unterbewusstsein manipuliert werden kann. Studien belegen, dass das menschliche Verhalten bereits durch minimale Reize verändert werden kann, vor allem wenn diese emotional aufgeladen sind.

Verkäufer*innen auf einem bequemen Stuhl erklärten sich häufiger dazu breit einen Preisrabatt zu geben. Personen, die Fotos ihrer Familie im Hintergrund sehen, waren großzügiger bei einer Spendenanfrage. In dem sehr bekannten „Brückenexperiment“ konnte sogar die wahrgenommene Attraktivität manipuliert werden. Zwei Gruppen von männlichen Testpersonen wurden der selben Frau vorgestellt. Eine Gruppe überquerte gemeinsam mit ihr eine stabile, nicht allzu hohe Brücke. Die andere Gruppe begleitete sie über eine wackelige, hohe Hängebrücke. Am Ende des Ganges verteilte die Frau an alle Probanden ihre Telefonnummer. Das Ergebnis war klar und deutlich: Die Männer der Hängebrücke griffen viermal so oft zum Hörer als die Kontrollgruppe der anderen Brücke. Die Forscher gehen davon aus, dass die Ausschüttung von Adrenalin vom Körper oft missinterpretiert wird. Der Zustand der emotionalen Aufgeregtheit wird nicht der „Gefahr“ zugeordnet, sondern für Schmetterlinge im Bauch gehalten.

Für Marketingexperten war die Entdeckung des Unterbewusstseins natürlich die reinste Goldgrube, sozusagen eine geheime Hintertür in die Köpfe der

Konsumenten. Im Verkauf werden, ganz still und heimlich, alle Register gezogen. Längst ist es Gang und Gebe, dass Läden gezielt Duftstoffe einsetzen, um ihre Kunden in Kauflaune zu bringen – natürlich am liebsten bei den teuersten Produkten. Auch Casinos und Spielhallen nutzen diesen Trick und können dadurch bis zu 45% mehr Einnahmen verbuchen. Das sogenannte „Air Design" ist im Marketingbereich mittlerweile ein Klassiker. Auch mit Farben wird ganz gezielt gearbeitet. Während weiße, blaue und grüne Farbtöne eine einen beruhigenden Effekt haben, wirken gelbe und rote Farbtöne stimulierend und aufregend. Brandaktuell ist das sogenannte „Greenwashing", was bedeutet, dass Firmen sich bewusst umweltfreundlich darstellen, auch wenn oft das Gegenteil der Fall ist. Dieser Prozess wird mit der Farbwahl in der Werbung und den Logos unterstützt. Sie erinnern sich vielleicht an die Strategie von McDonalds. Allein mit dem Wechsel des Farbschemas von rot auf grün suggeriert der Konzern eine höhere ökologische Verantwortung.

Das Wissen über derlei Techniken kann von großem Vorteil sein. Im Verlauf des Buches werden Sie lernen, wie auch Sie die Kraft der unterschwelligen Suggestion für sich nutzen können und Farben, Gerüche und vieles mehr zu Ihrem Vorteil einsetzen können.

Die grundlegenden psychologischen Faktoren für Manipulierbarkeit sind also folgende:

- -Instinktive Nachahmung und Spiegelneuronen
- -Die Kraft der Gewohnheit
- -Die emotionale Beeinflussbarkeit des Unterbewusstseins

Manipulation erkennen

Mit dem Wissen aus dem vorherigen Kapitel, werden Sie es bereits leichter haben zu erkennen, wann jemand versucht Einfluss auf Sie zu nehmen. Sobald bei Ihnen die Alarmglocken klingeln, halten Sie einen Moment inne und machen Sie einen „Double Check" der Situation:

- -Ist das wirklich mein Wille oder folge ich nur dem Beispiel der Anderen?
- -Will ich wirklich so freundlich sein, oder spiegele ich nur die Freundlichkeit des Anderen?
- -Treffe ich diese Entscheidung gerade frei heraus oder aus Gewohnheit?
- -Existieren irgendwelche emotional konnotierten Reize (Gerüche, Bilder, Musik etc.) in meinem Umfeld, die meine Wahrnehmung beeinflussen?
- -Kann ich genau zuordnen, wo ein bestimmtes Gefühl (Angst, Aufgeregtheit, Wut, Müdigkeit) herkommt? Oder könnte es mehrere Faktoren geben?

Wer sich diese Fragen stellt, hat bereits einen deutlich kritischeren und präziseren Blick auf die

Situation. In diesem Kapitel werden wir nun etwas praktischer. Was sind handfeste Anzeichen dafür, dass bei Ihnen ebenjene Alarmglocken klingeln müssen? Welche Tricks setzen Manipulierer*innen ein? Was für Gefühle wollen sie in Ihnen auslösen?

Die 8 häufigsten Manipulationsstrategien und wie Sie sich dagegen wehren können

Manipulation durch Sprache

Wer gut reden kann, kann andere Menschen leicht um den Finger wickeln. Nicht umsonst lassen sich Politiker ihre Reden von Profis schreiben und belegen häufig Rhetorikkurse. Sie wissen: Oft kommt es nicht auf die Botschaft an, sondern darum, wie diese verpackt ist. Der oder die durchschnittliche Zuhörer*in zieht im Allgemeinen automatisch Rückschlüsse von der Wortwahl auf die Person. Wer beispielsweise besonders intelligent rüberkommen will, wird versuchen möglichst viele Fremdwörter in seinen Wortschatz einzubauen. So wirkt die Person direkt schlauer, obwohl sie eventuell inhaltlich gar nichts besonders Gewitztes von sich gibt. Im Folgenden werden wir ein paar klassische rhetorische Tricks kennenlernen, die zu Manipulationszwecken eingesetzt werden.

Repetition

Man kennt es aus der Werbung: Stumpf wiederholen sich die Werbespots wieder und wieder. Ob sich das für die Firmen wirklich lohnt? Ja, und ob! Es ist psychologisch erwiesen, dass Menschen Fakten eher als wahr einschätzen, wenn sie sie häufiger gehört haben. Ein klassischer Gewohnheitseffekt: je häufiger das Gehirn ein und dieselben Infos hört, desto natürlicher und logischer scheinen sie ihm zu sein. Auch Privatpersonen nutzen den Wiederholungstrick. Wenn Ihnen also auffällt, dass Sie gerade zum dritten Mal den gleichen Satz hören, sollten Sie zumindest einmal stutzig werden.

Gedankensteuerung

Mit Sätzen, wie „Sie möchten jetzt bestimmt mehr darüber erfahren.“, „Sie lieben Ihr Auto. Daher wollen Sie es bestmöglich vor Abnutzung schützen.“ oder „Es scheint, als wären Sie sehr ambitioniert.“ legt jemand aktiv Gedanken in Ihren Kopf. Menschen neigen dazu, vage Aussagen über sich selbst mental so zu biegen, dass sie auch stimmen. Wenn Ihnen also jemand sagt, dass Sie gern mehr über ein Thema erfahren möchten, hebt das bereits die Wahrscheinlichkeit, dass Sie wirklich Interesse daran haben. Hypnose und Meditation arbeitet mit diesem Schema. Die Therapeuten erklären einem dabei quasi, wie man sich gerade fühlt (z.B.: Ihr rechter Arm wird gaaaanz schwer) und schon beginnen Sie, sich wirklich dementsprechend zu fühlen.

Singularität

„Für eine erfolgreiche Fußpilzbehandlung ist es notwendig, dass Sie dreimal am Tag diese Creme auftragen."

„Wenn das nächste Mal Wasser austritt, müssen Sie mich sofort anrufen."

Diese beiden Sätze beschreiben zuerst ein Problem und bieten dann eine einzige Lösung. Durch die Operatoren „müssen" und „es ist notwendig" wird der Eindruck erweckt, eine andere Lösungsmöglichkeit käme gar nicht in Frage. Dabei *müssen* Sie ja nicht zwingend die gleiche Handwerkerfirma anrufen, wenn Sie noch mal einen Wasserschaden haben. Und vielleicht würde es Ihrem Fußpilz auch helfen, wenn Sie eine andere Creme auftragen.

Allgemeingültigkeit

Misstrauisch werden sollten Sie auch bei allzu allgemein gehaltenen Aussagen, vor allem natürlich, wenn nach eine konkrete Frage gestellt wurde. Durch das Verkünden von allgemeingültigen Weisheiten können es Manipulierer*innen schaffen, ihre eigene Meinung oder Verantwortung zu einem Thema zu verschleiern, ohne direkt zu lügen.

Beispiele:

„Haben Sie schon einmal etwas gestohlen?"

„Stehlen? Wer macht denn sowas? Man stiehlt doch nicht!"

Obwohl die Frage nicht beantwortet wurde, wird der Fragesteller vermutlich glauben, dass die gefragte Person noch nie etwas gestohlen hat.

oder

„Es ist von höchster Wichtigkeit, dass man sein Geld sicher anlegt."

Ein geschickter Satz, der von einem Finanzberater kommen könnte. Viele Leute lassen sich davon beeinflussen, wenn sie hören, dass „man" etwas tun muss. Dabei wäre doch die viel interessantere Frage:

„Was sollte ICH mit meinem Geld tun?". Schließlich gibt es nicht eine Univeralstrategie für alle, sondern verschiedene Optionen für verschiedene Situationen.

Leere Phrasen

„Von jetzt an wollen wir gemeinsam unsere Zukunft gestalten. Wenn wir alle am selben Strang ziehen, schaffen wir es voranzukommen. Es gibt immer Licht am Ende des Tunnels."

Sätze, wie dieser, werfen mehr Fragen auf als dass sie Antworten bereitstellen. An welchen Strang ziehen wir? Ziehen wir alle in die gleiche Richtung oder doch in gegenseitige? Wo wollen wir hinkommen? Und was ist das eigentlich für ein Tunnel, in dem wir uns angeblich befinden?

Leere Phrasen kaschieren hervorragend Unwissenheit oder den Unwillen, sich auf eine konkrete Meinung festlegen zu wollen. Wenn Sie wirklich etwas aus einer so argumentierenden Person herausbekommen wollen, müssen Sie ihm die metaphorische Pistole auf die Brust setzen und nicht mehr locker lassen, bevor Sie zufriedenstellende Antworten haben.

Wer ist betroffen? Was wird passieren? Warum ist das so?

Lassen Sie Ihr Gegenüber nicht entkommen, egal wie sehr Sie ihm dafür auf die Nerven gehen müssen.

"Intelligente" Sprache

Wenn du deinen Gegner nicht besiegen kannst, verwirre ihn. So lautet ein altes Sprichwort, dessen Bedeutung auch heute noch aktuell ist:

Wenn einem die Argumente ausgehen, verpackt man sie einfach in so komplexe Satzgefüge, dass sie schlauer klingen als sie sind. Am besten wirft man noch ein paar ausgefallene Fremdwörter dazu. Wenn der oder die Gegenüber nicht versteht, worum es geht, kann er auch nichts dagegen sagen. Oft will sich niemand die Blöße geben, zuzugeben, dass er/sie etwas nicht verstanden hat. Besonders Migranten werden auf diese Weise oft über den Tisch gezogen, da sie, aufgrund mangelnder Sprachkenntnisse, oft klar im Nachteil sind.

Beispiele

„Dein Argument ist doch völlig obsolet! Das tangiert doch nun wirklich niemanden und torpediert nur unsere Zukunftspläne!"

„Jetzt sei doch nicht so pedantisch! So wie der Status Quo ist, muss man die Kundenakquise eben sukzessive angehen. Da braucht man nun wirklich kein Statistiker sein, um das antizipieren zu können.“

„Wenn Sie den Vertrag, entgegen Ihrer jetzigen Einschätzung, doch kündigen wollen, müssen Sie innerhalb der, von der Firma vertraglich festgelegten, Laufzeit das entsprechende Formular, welches Sie online herunterladen können, abgeschickt haben, woraufhin die Firma Ihnen, so zeitnah wie möglich, eine Bestätigung zukommen lassen wird, die Sie wiederum unterschreiben müssen, weil erst nach dem Erhalt der unterschriebenen Bestätigung Ihre Kündigung von der Firma rechtswirksam gemacht werden kann.“

Achtung: Die Manipulierer bauen bei dieser Strategie darauf, dass Sie so eingeschüchtert von ihrer Eloquenz sind, dass Sie sich nicht mehr trauen weiterzureden. Daher ist der einzige Weg dem entgegenzuwirken die Flucht nach vorn. Nehmen Sie all Ihren Mut zusammen und fragen Sie nach, wenn Sie ein Wort nicht verstehen oder scheinbar „offensichtliche“ Zusammenhänge nicht verstehen. Im besten Fall legen Sie Ihre*n

Manipulierer*in bloß! Und im schlimmsten Fall? Lernen Sie ein paar neue Fremdwörter. Win-Win!

Scheinargumente

Scheinargumente ähneln den „leeren Phrasen". Sie scheinen etwas total Wichtiges auszusagen, sind aber in Wirklichkeit nur wertloses Geschwätz. Ein Scheinargument versucht Zusammenhänge darzustellen, die gar nicht existieren. Das geht auf verschiedene Arten:

Das Argument der Generalisierung

„An dem Beispiel des Bürgermeisters sieht man es schon wieder: Alle Politiker*innen sind korrupt!"

„Guck mal, die beiden Kinder an ihren Smartphones. Die Jugend von heute ist total ignorant!"

Anhand einer einzelnen Beobachtung wird auf eine allgemeine Regel geschlossen, nur weil sie das Argument zufällig unterstützt. Das menschliche Gehirn ist mit Abstraktion oft überfordert und stürzt sich mit Freude auf Konkretes. Daher tappen wir oft in die Generalisierungsfalle und zweifeln derlei Argumentation nicht an. Schließlich stimmt es ja, dass der Bürgermeister korrupt ist. Warum sollten dann nicht alle Bürgermeister korrupt sein?

Das Argument der Tradition

„Früher wurden Kinder noch geschlagen, wenn sie was verbockt hatten. Aus denen ist doch auch was geworden."

„Das wurde hier im Betrieb immer schon so geregelt, das hat sich bewährt."

Das eigene Argument wird hier mit dem klassischen „das war schon immer so" validiert. Das ist natürlich ein Fehlschluss: nur weil etwas „schon immer so war", hat das eigentlich noch keinen Aussagewert darüber, ob es auch wirklich gut und richtig ist. Wer Traditionen nie anzweifelt, würde schließlich immer noch denken, die Erde sei eine Scheibe.

Das Argument der Innovation

„Neue Theorien behaupten, dass Zucker gar nicht so schädlich ist, wie bislang gedacht."

„Neueste wissenschaftliche Erkenntnisse stellen infrage, ob der Klimawandel wirklich menschengemacht ist."

Ähnlich wie beim Argument der Tradition, hat auch die vermeintliche „Neuheit" oder „Aktualität" nichts über die Qualität eines Argumentes zu sagen. Trotzdem wird sie gern in den Vordergrund gestellt, um modern zu wirken. Außerdem ist es natürlich schwierig gegen brandneue und bislang unbekannte Behauptungen zu argumentieren. So nehmen sie dem Gesprächspartner den Wind aus den Segeln.

Das Argument im Kreis

„Du darfst den Nachtisch nicht vor dem Hauptgang essen, weil es der Nachtisch ist."

„Cannabis ist verboten, weil es eine illegale Droge ist." (Dies hat die deutsche Bundesdrogenbeauftragte übrigens wirklich einmal so gesagt)

Im sogenannten Zirkelschluss wird ein Argument mit sich selbst belegt. Diese Logik ähnelt ein wenig den Argumenten der Tradition. Durch die geschlossene Struktur der Logik bietet sie kaum Angriffsfläche für Kritik. Die Bundesdrogenbeauftragte hat bestimmt viele gute Gründe für das Cannabisverbot. Trotzdem beschränkte sie sich darauf zu sagen, dass das Rauschmittel verboten ist, weil es illegal ist. Indem sie darauf verzichtet, echte Argumente vorzutragen, vermeidet sie die Gefahr, dass diese angezweifelt oder gar ausgehebelt werden könnten.

Das falsche Argument

„Wenn du forderst, dass Deutschland aus der Kohleenergie aussteigt, willst du also, dass die armen Kohlekumpels alle arbeitslos werden. Doch diese Leute haben ein Recht auf Arbeit. Du kannst also keinen Kohleausstieg fordern."

„Du warst jetzt drei Nächte hintereinander mit deinen Freund*innen aus. Du findest mich wohl langweilig und hast schon die Trennung im Kopf."

Hier bezieht sich jemand auf einen, von ihm oder ihr selbst gezogenen, Rückschluss und versucht ihn gegen Sie auszuspielen. Diese Strategie ist besonders tückisch. Zum einen, weil die Rückschlüsse zwar von Ihnen so nie ausgesprochen worden sind (Sie wollen ja nicht, dass die Kumpels arbeitslos werden), aber trotzdem in der Sache Sinn ergeben (Die Beschäftigung der Angestellten wäre in der Tat ein Problem, um das man sich beim Kohleausstieg kümmern müsste). Zum anderen, weil die falschen Argumente oft auf eine sehr persönliche Ebene heruntergezogen werden. Es werden Ihnen böse Absichten unterstellt, die Sie eigentlich gar nicht haben. Nur weil Sie gern Ihre Freund*innen sehen, ändert das ja nichts an Ihren Gefühlen für Ihre*n Partner*in. Doch es ist schwer, sich kühlen Kopfes aus der Position der oder des Angeklagten herauszuziehen und dem oder der Anderen einen Spiegel vorzuhalten und zu sagen: „Du nagelst mich hier auf etwas fest, das ich nie gesagt oder gemeint habe."

Das vergleichende Argument

„Sei doch froh, dass ich dir überhaupt im Haushalt helfe. Der Mann deiner Freundin Lisa hat bestimmt noch nie einen Teller abgewaschen."

„Die Menschenrechtsverletzungen in Russland sind zwar schlimm, aber noch lange nicht so verheerend, wie in Nordkorea. Guck dir doch mal die Zustände da an! Dagegen ist Russland ein Paradies der Freiheit."

Durch die Kontextualisierung eines Problems stellt die manipulierende Person sich selbst in besserem Licht dar. Sie weiß zwar genau, dass sie weniger im Haushalt mithilft, versucht sich aber zu rechtfertigen indem sie sich mit einer anderen Person, die noch weniger im Haushalt macht, vergleicht. Natürlich legitimiert das in keinster Weise die eigene Verantwortung im Haushalt. Psychologisch ist die Strategie aber extrem geschickt, denn durch das Relativieren des eigenen Fehlverhaltens stellt man der oder den Anderen als hysterische Person dar, die mit ihren Bitten oder Anklagen übertreibt. Anstatt sich also weiter über die mangelnde Mithilfe im Haushalt zu ärgern (ein durchaus berechtigter Ärger), stellt man sich selbst infrage und fühlt sich am Ende vielleicht sogar noch schuldig dafür, überhaupt etwas gesagt zu haben.

Das beleidigende Argument

„Du kritisierst das Schulsystem doch nur, weil du selbst immer nur Fünfen schreibst. Da kann man ja gar keine objektive Meinung bilden!"

„Nur weil du unzufrieden mit deiner Rolle bist, musst du doch nicht gleich das ganze Theaterstück kritisieren."

Bei dieser Strategie wird nicht nur Ihre Meinung, sondern gleich Ihre ganze Person angegriffen. Ähnlich wie beim „falschen Argument" werden ganz simpel falsche Rückschlüsse geschlossen, um Sie in eine Ecke zu drängen. Natürlich kann ein miserabler Schüler das Schulsystem kritisieren. Selbstverständlich kann auch ein Komparse Verbesserungsvorschläge am Stück äußern. Doch mit dem „beleidigenden Argument" wird ihnen ihr Recht auf Meinungsäußerung genommen, indem sie auf ihre eigene Unzulänglichkeit reduziert werden. Eine ganz fiese Form der Manipulation, die nicht nur jede Diskussion zunichtemacht, sondern auch systematisch das Selbstvertrauen von Personen zerstört.

Test: Entdecken Sie Scheinargumente!

Lesen Sie sich die folgenden Argumentationsweisen gut durch. Welche davon sind Scheinargumente? Und welcher Form der Scheinargumentation sind sie zuzuordnen?

Nr.	Argument	Form des Schein-argumentes
1	Wir haben diese Methode noch nie benutzt und werden sie daher auch nie benutzen.	
2	Ich habe keine Lust ins Kino zu gehen, weil ich müde bin.	
3	An dieser schlechten Note sieht man schon wieder, dass du ein faules Stück bist.	
4	Ich mochte den zweiten Tarantino-Film nicht, weil der erste deutlich besser war.	

Nr.	Argument	Form des Schein-argumentes
5	Es ist einfach besser ein Auto zu besitzen, weil man flexibler ist.	
6	Ich mag unseren neuen Lehrer, weil er interessant erklärt.	
7	Sie wählen doch bestimmt nur „Die Grünen“, um Ihr Gewissen zu beruhigen.	
8	Ich will noch nicht ins Bett! Lisa und Paul dürfen auch immer bis 9 Uhr wachbleiben.	
9	Mittlerweile gehen Wissenschaftler davon aus, dass lange Arbeit am Computer Rückenprobleme verursacht, was vor allem am Sitzen liegt, da diese Position für den Menschen nicht natürlich ist.	
10	Neueste Erkenntnisse zweifeln die Wirksamkeit von Aspirin an.	

Nr.	Argument	Form des Schein-argumentes
11	Du kannst ruhig schwarzfahren, mich hat noch nie jemand kontrolliert.	
12	Ich finde das neue Businesskonzept problematisch, weil keine konkreten Zahlen erwähnt werden.	
13	Die Band ist gar nicht so toll. Du bist einfach nur stolz, dass du sie im Backstage-Bereich kennengelernt hast.	
14	Du musst jetzt ins Bett gehen, weil jetzt Bettgehzeit ist.	
15	Ich habe doch gesehen, wie du gestohlen hast! Du stiehlst immer!	
16	Ich bin genervt von dir, weil du gerade sehr laut Musik hörst.	
17	Die brandneue Wirkungsformel dieser Zahnpasta lässt Ihre Zähne sichtbar weißer werden.	

Nr.	Argument	Form des Schein-argumentes
18	Ich fahre gern Auto, weil das einfach Spaß macht.	
19	Ich habe verloren, weil ich weniger Punkte hatte.	

Lösung

Argument der Tradition 3. Argument der Generalisierung 4. Vergleichendes Argument 7. Beleidigendes Argument 8. Vergleichendes Argument 10. Argument der Innovation 11. Argument der Tradition 13. Beleidigendes Argument 14. Zirkelschluss (Argument im Kreis) 15. Argument der Generalisierung 17. Argument der Innovation 18. Zirkelschluss (Argument im Kreis)

Körpersprache

Auch ohne Worte von uns zu geben, können wir kommunizieren. Dazu nutzen wir unsere Gestik und Mimik. Wissenschaftler*innen haben herausgefunden, dass die Körpersprache tatsächlich fast noch wichtiger ist als, was tatsächlich gesagt wird. Über 80 % unserer Kommunikation läuft über unsere Körpersprache ab. Was dann wirklich kommuniziert wurde, ist dann eigentlich fast unwichtig. Insgesamt verfügt der Mensch über ein Repertoire von über 5000 Gesten, 1000 Körperhaltungen und ganzen 250.000 Gesichtsausdrücken. Sie sehen also, die Sprache des Körpers ist durchaus distinguiert und vielfältig. Nicht alle Gesten sind universell, es herrschen durchaus kulturelle Unterschiede. Das hierzulande als erotisch betrachtetes Übereinanderschlagen der Beine ist in Asien ein Fauxpas und gilt als unrein. Ein hochgestreckter Daumen gilt in Kolumbien nicht als „Alles ok“ Zeichen, sondern ist eine obszöne Geste.

Doch Gesten, die Rückschlüsse auf emotionale Zustände geben, sind auf der ganzen Welt erstaunlich ähnlich. Es scheint so, als könne der Körper gar nicht anders, als dem Gehirn zu gehorchen und sich entsprechend seiner Stimmung zu bewegen. Egal, aus welchen Fleckchen Erde eine Person ist. Wir werden immer erkennen, ob sie gerade fröhlich oder traurig, ängstlich oder entspannt, wütend oder überrascht ist. Außer natürlich wir haben es mit einem Alltagsschauspieler zu tun, der sich der umschlagenden Wirkung der Körpersprache voll bewusst und nicht scheut sie zu seinem oder ihrem Vorteil zu nutzen. Jemand, der mit geradem Rücken und gerecktem Kinn in eine Verhandlung geht, signalisiert von der ersten Sekunde an Selbstvertrauen und Willensstärke – auch wenn er oder sie sich eigentlich total unsicher sind, in dem, was sie tun. Jemand der extrem viel lächelt, langsame Bewegungen macht und hin und wieder mal leichten Körperkontakt sucht, wirkt vertrauenswürdig. So werden mehr Menschen dieser Person etwas abkaufen oder etwas beichten wollen. Im Gegensatz dazu kann man auch Aggression darstellen, um seine Gegenüber einzuschüchtern. Dazu reicht es sich „groß zu machen“ (zum Beispiel aufstehen, wenn der Andere sitzt) oder der oder den Andere*n in seinem persönlichen Raum zu einzuengen (also „zu“ nah an die Person herantreten).

Wenn Sie mal darauf achten, werden Sie merken, dass viele Menschen, vor allem im Arbeitsleben, auf diese Strategien zurückgreifen. Während es sich für Verkäufer*innen lohnt, sympathisch und vertrauenswürdig zu erscheinen, wollen Führungspersonen oft ihre Autorität unterstreichen und sich eventuelle Unsicherheiten nicht anmerken lassen.

Für Sie ist nun wichtig, zu entschlüsseln, in welchen Fällen die Körpersprache authentisch und real ist und wann sie nur als Mittel zum Zweck eingesetzt wird. Zu 100 % lügen kann fast keine*r. Immer gibt es ein oder zwei verräterische Details, die Rückschlüsse auf die wahre Stimmung von Personen zulassen. Und wo gucken wir hin, wenn wir unsere Gesprächspartner wirklich tief ergründen wollen? Richtig, in die Augen! „Augen lügen nicht", sagt ein altes Sprichwort und es hat nicht Unrecht. Die beiden „Fenster zur Seele", wie Hildegard von Bingen sie vor fast tausend Jahren bereits getauft hat, offenbaren oft mehr als uns lieb ist. Auch wer nach außen hin die perfekte Fassade wahrt, kann von einem geschulten Beobachter durch einen prüfenden Blick in die Augen entlarvt werden. Warum ist das so? Weil die Augen nicht unserer bewussten Kontrolle unterliegen. Die inneren

Augenmuskeln können nicht bewusst bewegt werden, sondern werden einem automatisch agierenden neuronalen System gesteuert, dem sogenannten „vegetativen Nervensystem“. Dieses agiert unabhängig von unserem Gehirn, weshalb wir es nicht beeinflussen können.

Was können Sie also an der Augenpartie erkennen?

Extrem geweitete Pupillen

Meistens sind sie ein Hinweis auf Angst. Evolutionsbiologisch gesehen ist diese Reaktion ein Überlebensmechanismus. Sobald Gefahr im Verzug ist, weiten sich die Pupillen, um die Wachsamkeit zu erhöhen und Fluchtwege ausmachen zu können. Auch bei starkem Drogenkonsum weiten sich die Pupillen extrem. Diesen werden Sie aber vermutlich auch an anderen Verhaltensweisen, wie einer undeutlichen Aussprache oder einer verlangsamten Reaktionsgeschwindigkeit oder ähnlichem, feststellen können.

Geweitete Pupillen

Im Datingkontext haben wir ein gesteigertes Interesse daran zu erfahren, wie der oder die Andere uns gegenübersteht. Besteht romantisches Interesse oder nicht? Achten Sie auch hier auf die Pupillen. Geweitete Pupillen lassen auf echte Attraktion schließen. Sind die Pupillen klein, kann es sein, dass Sie Ihre Zeit mit Avancen vergeuden.

Kleine Pupillen

Sind die Pupillen zusammengezogen, ist die Person von etwas angeekelt. Der Körper schützt sich quasi vor dem Anblick, indem er die Pupillen verkleinert.

Häufiges Blinzeln

Ihr*e Zuhörer*in blinzelt überdurchschnittlich oft? Ein klares Zeichen dafür, dass er oder sie gelangweilt ist. Auch wenn die Person noch so viele „Ach ja?“, „Wie interessant“ und „Ach wirklich?“, einstreut, kann von keinem echten Interesse die Rede sein, sondern höchstens von einer Einhaltung der Höflichkeitsregeln.

Zusammengezogene Augenbrauen

Das Zusammenziehen der Augenbrauen geschieht immer unter Anspannung. Oft ist es Ärger, manchmal aber auch Unverständnis, die dazu führen.

Geschwollene Augen

Geschwollene, trübe Augen können einerseits ein Anzeichen für Müdigkeit, aber auch für Trauer sein. Wird gegen den Reflex zu weinen angekämpft, sammeln sie sich um das Auge herum und bilden Schwellungen.

Starrer Blick

Ihr Gegenüber senkt keine Sekunde den Blick und starrt Ihnen konsequent in die Augen? Achtung, Manipulationsalarm! Eigentlich ist eine so starre Augenposition für Menschen unnatürlich und sogar ungesund. Da die Augen sich immer selbst befeuchten müssen, mögen sie es eigentlich regelmäßig zu blinzeln und in verschiedene Richtungen zu schauen. Wenn jemand diese Reflexe bewusst unterdrückt, tut er oder sie das nur, weil er damit ein bestimmtes Ziel erreichen will. Höchstwahrscheinlich will diese Person Sie einschüchtern oder verunsichern. Möglich ist auch, dass er oder sie Sie zu einer schnellen Entscheidung überreden will.

Abgesehen von den Augen können Sie auch auf andere Signale achten, wie zum Beispiel die Atmung, die Hände oder die Tonlage beim Sprechen. Eine flache, hektische Atmung hängt zum Beispiel immer mit Stress zusammen, genau wie geballte Fäuste oder eine plötzlich höhere Stimme. Wenn Sie eines dieser Anzeichen entdecken, können Sie sich fragen: Gibt es einen offensichtlichen Grund für die Nervosität dieser Person? Oder ist er oder sie aufgeregt, weil er oder sie versucht etwas zu verbergen haben?

Das Deuten der Körpersprache ist eine hohe Kunst, die auch zu Missverständnissen führen kann. Oft können wir zwar eine Unstimmigkeit zwischen Gehörtem und Gesehenen feststellen, aber nicht genau wissen, wo diese herrührt. Daher ist es manchmal nicht sinnvoll, den Gesprächspartner oder die Gesprächspartnerin auf die Unstimmigkeit anzusprechen. Dennoch wird es Ihr eigenes Verhalten bereits beeinflussen, wenn Sie derlei Informationen auswerten können. So haben Sie mehr Anhaltspunkte zur Bewertung einer Person und können sich Fragen stellen, wie „Ist diese Person wirklich vertrauenswürdig?“ oder „Ist die Person sich ihrer Sache wirklich so sicher?“.

Lösungsstrategien gegen verbale Manipulation

Sobald Sie all diese verbalen und nonverbalen Muster der Kommunikation erkennen, können Sie auch anfangen sich dagegen zu wehren. Das ist nicht immer leicht. Manchmal fehlt einem das Selbstvertrauen oder es fällt einem partout keine gescheite Erwiderung ein. Machen Sie sich nicht allzu sehr selbst fertig, wenn es nicht immer direkt klappt mit dem gekonnten Kontern. Übung macht den Meister! Die Identifizierung von sprachlichen Manipulationsversuchen ist nicht nur der erste, sondern auch der wichtigste Schritt. Sobald Sie erkannt haben, welches Spiel gespielt wird, lassen Sie sich automatisch nicht mehr so leicht beeindrucken oder gar einschüchtern. Jetzt sind Sie also am Zug!

Was dann folgt, ist gar nicht mehr so schwer. Sprechen Sie die manipulierende Person auf die Unstimmigkeiten des Arguments an. Geben Sie es der manipulierenden Person freundlich zu verstehen, dass ihre Manipulationsversuche durchschaut wurden. Stellen Sie kritische Fragen und fordern Sie konkrete Antworten. Bleiben Sie stark und drängen auch Sie die oder den Andere*n notfalls in eine Ecke. Die Zeit der schwammigen Ausreden ist vorbei!

Die drei wichtigsten Punkte für Ihre Reaktion auf verbale Manipulation sind:

- Ruhig und gelassen bleiben (auch wenn es schwerfällt)
- Selbst immer sachlich bleiben
- Gezielte Rückfragen stellen

Lassen Sie Ihre*n Gegenüber wissen, dass Sie nicht so leicht zu veräppeln sind. Suchen Sie den schwachen Punkt in seiner Argumentation und drehen Sie den Spieß um. Das könnte etwa so aussehen:

„Meine Erfahrung sagt mir, dass das nicht klappen wird."

„Welche konkrete Erfahrung haben Sie denn bereits damit gemacht?"

„Du kannst froh sein mich zu haben, andere Männer räumen nicht mal den Tisch ab."

„Ich bin aber nicht mit anderen Männern verheiratet, sondern mit dir und daher geht es hier nur um dich und mich."

„Ich sage es noch einmal: XYZ ist die beste Marke!"

„Du kannst das so oft sagen, wie du willst. Ich glaube nicht daran, nur weil du es mir ständig wiederholst. Nenn mir einen guten Grund deiner Meinung zu sein."

Manipulation durch Emotion

Wir wollen es zwar nicht wahr haben, aber im Grunde sind unsere Emotionen lächerlich leicht beeinflussbar.

Nur mit winzigen Stimuli, die unsere Ängste oder Hoffnungen triggern, sind wir lenkbar wie Roboter.

Nun gut, das ist eventuell ein wenig übertrieben... Aber Fakt ist trotzdem, dass es nicht viel braucht, um menschliche Emotionen auszulösen. Erinnern wir uns nur einmal an das Beispiel mit der Frau und der Hängebrücke. Da die Emotionen im Unterbewusstsein ausgelöst werden, kann sich ein Manipulationsprozess ebendieser ganz heimlich und unbemerkt abspielen. Das Ziel ist es, in anderen Menschen ein bestimmtes Gefühl auszulösen, was sie wiederum motiviert eine bestimmte Handlung auszuführen.

Angst

Die meisten Strategien greifen auf die instinktiven Grundängste der Menschen zurück. Finanzberater nutzen Ihre Angst vor finanziellem Ruin, um Ihnen eine Geldanlage schmackhaft zu machen. Versicherungsvertreter nutzen Ihre Angst vor Krankheiten und Tod, um Ihnen eine teurere Versicherung zu verkaufen. Fitnessstudios nutzen Ihre Angst vor sozialer Ablehnung, indem sie erfolgreich suggerieren, dass nur schlanke und schöne Menschen ein glückliches und erfülltes Leben führen können. Angst ist ein psychologisch extrem starker Faktor und kann jede Logik ganz einfach ausbremsen. Auch im Privaten setzen Menschen auf Angst, um etwas zu erreichen. So kann ein*e Chef*in, die eine*n Angestellte*n viel kritisiert und subtil das Thema Kündigung einfließen lässt, sich sicher sein, dass diese*r Angestellte doppelt so hart arbeiten wird, wie die anderen Mitarbeiter. Evolutionär gesehen sichert das Auftreten von Angst jedem Individuum das Überleben. Sobald das Gehirn Angstsignale sendet, schaltet der Körper auf Überlebensmodus. Das macht Sinn, wenn man im Wald einem Wolf begegnet. Da darf nicht mehr lange nachgedacht werden, sondern nur noch gerannt. Weniger Sinn ergibt diese Reaktionsbereitschaft jedoch im Büro der/des Versicherungsangestellten, mit einem Kugelschreiber in der Hand und einem Vertrag vor der Nase.

Vertrauen

Natürlich werden auch positive Gefühle gezielt erzeugt, so wie etwa in Werbespots. Meistens geht es kaum um Inhalte, also echte und überzeugende Argumente für den Kauf eines Produktes, sondern nur darum, eine bestimmte Stimmung zu kreieren, mit der die Zuschauer das Produkt später mental verknüpfen. So erzählt uns kein Hersteller von Wurstwaren tatsächlich etwas Interessantes über sein Wurstprodukt, sondern lässt uns lieber dabei zuschauen wie fröhliche, attraktive Menschen großen Spaß dabei haben diese zu verzehren. Läden und Boutiquen arbeiten stets daran, eine angenehme Atmosphäre zu kreieren. Seichte Musik, gemütliche Sessel, schönes Licht...alles nach dem Motto: wer sich wohl und entspannt fühlt, kauft mehr. Im zwischenmenschlichen Bereich wird eine Nähe und Vertrautheit gern durch Augenkontakt, leichte Berührungen oder Lächeln erzeugt. Da das Gehirn weiß, wie wir mit unseren Liebsten umgehen, denkt es im Umkehrschluss dann: „Diese Person behandelt mich genau wie meine Freunde. Sie muss also auch eine freundliche Person sein, die mir nur Gutes will."

Besonders perfide ist die Kombination aus dem Einflößen von Angst und der Bildung von Vertrauen. Ein klassischer Fall ist die „Good Cop, bad Cop" Strategie, bekannt aus vielen Polizeifilmen. Um ein Geständnis aus einer verdächtigen Person herauszukitzeln, mimt der eine Vermittler den „bösen Bullen" und versetzt die befragte Person in Angst, indem er unfreundlich ist, anfängt zu brüllen und mit schlimmen Folgen droht, sollte die Person nicht gestehen. Danach übernimmt der oder die andere Polizist*in und fährt eine entgegengesetzte Strategie. Sie bietet der oder dem Verdächtigen etwas zu trinken an, gibt sich verständnisvoll und freundlich und betont vor allem die positiven Folgen eines Geständnisses. Die Idee dahinter ist, die befragte Person erst mit großem Schrecken zu konfrontieren, um danach leicht ein Vertrauensverhältnis aufbauen zu können. Schlussendlich wird (laut Lehrbuch) dem „good cop" alles gestanden.

Auch im Alltag wird diese Manipulationsform gern (in leicht veränderter Weise) eingesetzt. So wird in der Werbung oft mit dem Erzeugen von Angst gearbeitet (z.B. drohende Naturkatastrophen oder Einbrüche) und dann im nächsten Atemzug eine erlösende Rettung versprochen (z.B. Zusatzversicherung oder digitale Überwachungssysteme).

Schuld

In vielen Situationen ist es für Einzelpersonen hilfreich Schuldgefühle in Anderen zu erzeugen. Sobald Sie sich jemandem gegenüber schuldig fühlen, sind Sie viel eher bereit dieser Person einen Gefallen zu tun.

Logisch, Sie wollen etwas wieder gut machen. Mit Ihrem Gewissen ins Reine kommen. Das moralische Ungleichgewicht wieder in die Balance bringen. Problematisch wird es, wenn es überhaupt nichts auszugleichen gibt! Wenn nämlich Ihre Schuldgefühle weder Hand noch Fuß haben, weil Sie rein gar nichts falsch gemacht haben.

So kann es zum Beispiel passieren, dass ein weniger gut verdienender Freund Ihnen versucht weiszumachen, Sie müssten häufiger die Rechnung bezahlen. Immer wieder erwähnt er, dass Sie ja „viel mehr Geld“ haben und tut ganz offen enttäuscht oder gar schockiert, wenn Sie zögern die ganze Rechnung zu zahlen. So pflanzt er in Ihnen das Gefühl, dass es Ihre Pflicht ist, ihn regelmäßig einzuladen. Sie beginnen, sich schuldig zu fühlen. Es gehen Ihnen Gedanken durch den Kopf, wie „Es ist doch wirklich kleinlich von mir, auf die paar Euro zu bestehen“ oder „Er hat ja wirklich nicht so viel Geld, ich sollte nicht so geizig sein“. Natürlich spricht absolut nichts dagegen, dass Sie Ihren Freund auf einen Drink einladen. Doch Sie sollten es immer frei entscheiden können dürfen. Sie sind in keinster Weise verpflichtet, Ihr Geld mit anderen zu teilen. Umso schöner ist es dann, wenn Sie es trotzdem tun.

Ein paar andere Beispiele für eingeredete Schuldgefühle könnten sein:

- Ihre Tochter fragt Sie, ob Sie nicht am Wochenende auf Ihre Enkelin aufpassen könnten. Sie lehnen ab, mit der Begründung, dass es Ihnen gesundheitlich gerade nicht so gut geht. Darauf erwidert Ihre Tochter, dass sie enttäuscht von Ihnen ist und dass Sie „froh sein sollten, Zeit mit Ihrer Enkelin verbringen zu dürfen". Sie versucht Sie zu manipulieren, indem sie suggeriert, dass das Behüten eines Kindes ein Privileg ist, für das Sie dankbar sein sollten. Ähnlich verhält es sich mit Arbeitgebern, die Ihnen wieder und wieder erzählen, Sie müssten „dankbar" dafür für die Möglichkeit sein, in so einem tollen Job zu arbeiten. Dem ist nicht der Fall! Weder müssen Sie dankbar für eine Enkelin, noch für einen Beruf sein. Sie sind bestimmt für viele Sachen in Ihrem Leben dankbar. Aber Sie sind es aus freien Stücken und nicht, weil Sie dazu verpflichtet sind.
- Ihr Ehemann beschwert sich darüber, dass Sie das Abendessen verpasst haben, weil Sie bei der Arbeit aufgehalten worden sind und sagt: „Wenn dir wirklich etwas an unserer Ehe läge, hättest du

es auch pünktlich geschafft". Damit weitet er das Thema unnötig aus und stellt, anhand von einer Handlung, direkt Ihre Gefühle für ihn infrage. Ihre Verpflichtungen bei der Arbeit haben aber mit Ihren Gefühlen Ihrem Gatten gegenüber überhaupt nichts zu tun. Außerdem wird die ganze Sache unverhältnismäßig dramatisiert und so ein Leiden seinerseits suggeriert, was vermutlich gar nicht da war.

- Eine Freundin bittet Sie um den Gefallen, Sie morgens um sechs Uhr am Flughafen abzuholen. Sie erklären ihr, dass Sie dazu leider keine Zeit haben, weil Sie vor der Arbeit noch Ihren Sohn in den Kindergarten bringen müssen. Darauf hin erinnert Ihre Freundin Sie daran, wie sie Sie vor einigen Jahren auch einmal vom Flughafen abgeholt hat. Sie wärmt quasi einen alten Gefallen wieder auf und nutzt ihn zur emotionalen Erpressung. Dass Sie damals um 16 Uhr nachmittags angekommen waren und Ihre Freundin eine kinderlose Studentin war, erwähnt sie natürlich nicht. Ebenso lässt sie alle Gefallen, die Sie ihr seitdem gemacht haben, selbstverständlich auch unter den Tisch fallen. Das Wiederbeleben alter Gefallen ist ein sehr beliebter Trick, der gut funktioniert. Eigentlich geht jedoch das Einfordern von Gegenleistungen gegen das Grundprinzip eines Gefallens. Außerdem müssen Geschehnisse nach gewisser Zeit auch einfach mal in Ruhe gelassen werden. Für einen einzelnen, selektiv ausgewählten, Gefallen können nicht noch jahrelang immer weiter Gegenleistungen gefordert werden. Vor notorischen „Aufwärmern“ von Gefälligkeiten sollten Sie sich hüten. Oft sind es Menschen, die selten aus Nächstenliebe handeln, sondern nur ihren eigenen Profit im Kopf haben. Ähnlich verhält es sich natürlich mit dem ständigen Erinnern an vergangene Fehltritte, á la „Du hast damals schlecht behandelt, jetzt könntest du es ja wenigstens wieder gut machen“. Wer einen Fehler macht, muss dafür einstehen. Doch sobald das Thema besprochen ist und der Fehler eigentlich verziehen worden ist, darf er auch nicht wieder und wieder benutzt werden, um persönlichen Gewinn daraus zu ziehen. Auf gut Deutsch würde man sagen: „Das Thema ist jetzt gegessen!“.

Unterbewusste Beeinflussung

Schon ganz kleine und unterschwellige Reize können unser Unterbewusstsein beeinflussen. Sie haben ja bereits über die planvoll eingesetzte Geruchsatmosphäre oder das visuelle „Greenwashing“

von Unternehmen gesprochen. Derlei Beispiele gibt es tausende: Es wurde zum Beispiel nachgewiesen, dass Menschen in der Cafeteria häufiger einen Salat bestellten, sobald dieser auffälliger präsentiert wurde. Ebenfalls bestellten mehr Menschen vegetarische Gerichte, wenn Fotos von Landschaften und Tieren in der Cafeteria hingen. Männer schätzen Frauen attraktiver ein, wenn diese ein rotes Kleidungsstück tragen. Umgekehrt haben Frauen ein besseres Bild von Männern, die in anthrazitgrau oder marineblau gekleidet sind. Büroangestellte sind geneigter, ihren Kaffeekonsum ehrlich anzugeben und zu bezahlen, wenn das Bild eines Auges über der Kaffeemaschine hängt. Obwohl sie nicht wirklich gesehen werden, weckt das Auge anscheinend doch die Assoziation der Beobachtung, und sei es nur durch eine höhere Macht, wie dem Schicksal, einem Gott oder Justizia.

Diese Reize können auch ganz persönlich sein. Der Geschmack einer bestimmten Eissorte, die Sie an Ihre Kindheit erinnert, kann Sie in nostalgische Stimmung versetzen. Der Geruch eines bestimmten Deodoranten versetzt Sie in Alarmbereitschaft, weil Sie damit eine unglückliche Beziehung verknüpfen. Die Geräusche eines Kopierers machen Sie zornig, weil Sie automatisch an einen verhassten Arbeitsplatz denken müssen.

Warum ist unser Gehirn so leicht zu beeinflussen? Sind wir nicht rational denkende Wesen? Ja, sind wir... und gleichzeitig sind wir es nicht. Den ehrenvollen Titel „rationale Wesen“haben wir uns dadurch verdient, dass wir abstrakt denken können und Sachverhalte auf der Basis von Logik analysieren können. Das bedeutet aber noch lange nicht, dass wir das auch wirklich immer tun! Ganz im Gegenteil: gerade in Situationen, die uns selbst betreffen, verlassen wir uns zu 95 % aufs Unterbewusstsein. Wenn der Sachverhalt zeitlich, örtlich oder thematisch von uns entfernt ist, können wir ganz wunderbar analysieren, doch sobald wir selbst involviert sind, schalten wir in den Autokontrollmodus (das ist übrigens auch der Grund dafür, dass die Leute mit den besten Beziehungstipps immer am längsten Single sind). Ein klassisches Beispiel sind Massenpaniken, wie etwa bei der Loveparade 2010. Jede*r weiß, dass es für alle am sinnvollsten ist, ruhig zu bleiben und nicht gegen die Masse zu kämpfen. Doch sobald die Menschen in Angst geraten, können sie diese klaren analytischen Gedanken nicht mehr fassen, sondern setzen auf ihre Überlebensinstinkte.

Das menschliche Gehirn denkt nicht linear, sondern arbeitet mit Assoziationen. Das heißt, es verknüpft bestimmte Sinneseindrücke miteinander. Sobald einer dieser Eindrücke abgerufen wird, werden alle anderen automatisch auch abgerufen. Es ist daher unvermeidlich, dass es auch Verbindungen schließt, die keinen logischen Zusammenhang haben. Wenn, zum Beispiel, Ihre*n Ex-Partner*in über einem Chinarestaurant gewohnt hat, werden Sie den Geruch von chinesischem Essen für immer mit dieser Person verbinden. Die Assoziation wird zwar im Laufe der Jahre schwächer, geht aber nie ganz verloren. Ein gutes Beispiel für die Arbeitsweise des Gehirns ist die nachgewiesene Wirkung von Placebo Medikamenten. Das Einnehmen von Tabletten wird mit der Linderung des Schmerzes verknüpft. Das reicht schon, um die Freisetzung von Endorphinen anzuregen, welche den Schmerz dann wirklich lindern.

Manchmal werden diese kleinen manipulativen Nuancen planvoll eingesetzt, um eine bestimmte Stimmung in Ihnen auszulösen. Manchmal sind sie einfach zufällig da. Nicht immer werden Sie sie bemerken können. Und auch wenn Sie sie bemerken, ist es nicht gegeben, dass Sie eine*n Verursacher*in ausmachen können. Dennoch ist es sinnvoll, sich auch mit den feinen Nuancen der Manipulation auseinanderzusetzen. Je deutlicher Ihnen das Ausmaß an Manipulationsmöglichkeiten wird, desto besser sind Sie dagegen gewappnet.

Lösungsstrategien gegen emotionale Manipulation

Sie merken schon selbst: es ist fast unmöglich, all diese Feinheiten aus jeder Situation hinaus zu analysieren. Sie können ja nicht den ganzen Tag darüber nachgrübeln, inwieweit der Geschmack Ihres Eisbechers wohl Ihren Tag beeinflussen wird. Es lohnt sich daher, situationsspezifisch kritisch zu werden. Wenn man manipuliert wird, geht das meistens mit einem bestimmten Unwohlsein einher. Man fühlt sich in die Ecke gedrängt, chancenlos oder fremdbestimmt. Achten Sie verstärkt auf Emotionen dieser Art und halten Sie kurz inne und gehen Sie in sich. Überprüfen Sie die Lage anhand folgender Kriterien:

In was für einer Situation befinden Sie sich?

Welche Personen agieren in dieser Situation?

Wie fühle ich mich gerade?

Habe ich mich schon einmal so gefühlt?

Was sind die Ursachen meiner Gefühle?

Liegen Sie in mir? Kommen Sie von außen?

Wer könnte von meiner aktuellen Gefühlslage profitieren?

Wenn Sie, zum Beispiel, auf einmal Sorge um Ihre Cholesterinwerte haben, zuvor aber noch nie über das Thema nachgedacht hatten (und daher diese Sorge auch noch nie verspürt hatten), ist es wahrscheinlich, dass Sie einen Radiospot gehört oder ein Werbeplakat zu dem Thema gesehen haben.

Wenn Sie selbst keinerlei Bedenken dabei hatten, mit Ihren Freund*innen ins Kino zu gehen, sich aber plötzlich schlecht fühlen, weil Ihr*e Partner*in Sie dafür kritisiert, basieren diese Schuldgefühle nicht auf Ihren eigenen Moralvorstellungen, sondern auf den Erwartungen Ihres Partners oder Ihrer Partnerin.

Wenn Sie plötzlich ein ganz neues Selbstbewusstsein verspüren, wenn Sie in den Spiegel schauen, kann es durchaus daran liegen, dass Sie sich geschmeichelt fühlen, weil der charmante Verkäufer gerade Ihre Frisur gelobt hat.

Gefahr erkannt, Gefahr gebannt?

Fast... Denn auch wenn man alle Taktiken und Kniffe perfekt durchschaut, kann es trotzdem dazu kommen, dass man auf den Manipulierer oder die Manipuliererin eingeht. Einem Verkaufsgespräch kann man sich relativ leicht entziehen und „Nein danke“ sagen. Nun gut, das ist zugegebenermaßen nicht immer einfach, doch es kann durchaus trainiert werden. Wenn Sie das nächste Mal über den Markt laufen, probieren Sie es einfach aus: bleiben Sie an einem Stand stehen, naschen Sie ein- oder zweimal von den Gratis-Häppchen und gehen Sie wieder. Freundlich, aber bestimmt! Kein kostenloser Käsewürfel der Welt kann Sie schließlich erpressen. Genau das Gleiche machen Sie in Geschäften und bei beratenden Verkaufsgesprächen. Üben Sie systematisch das „Nein“. Egal, ob Sie dabei panische Angst, tiefe Schuld oder große Sympathie verspüren. Wiederkehren können Sie immer noch, falls Sie doch noch nächtelang von den Käsewürfeln oder der Zahnzusatzversicherung träumen. Schon bald werden Sie merken, dass Sie sich freier und selbstbestimmter fühlen.

Gerade bei Freund*innen, Familie oder Partner*innen ist emotionale Manipulation aber ein, gelinde gesagt, schwieriges Thema. Dem kann man schon mal aus dem Weg gehen wollen. Nicht heute, sagt man sich, heute bin ich echt k.o.. Morgen gibt es dann eine neue Ausrede und übermorgen ist sowieso gar kein guter Tag. So kann man bis in alle Ewigkeit herumdrucksen. Aus Angst vor Konfrontation. Aus Angst, die Gefühle einer geliebten Person zu verletzen. Aus Unsicherheit über die eigenen Bedürfnisse...

Doch damit ist schlussendlich niemandem geholfen. Ein vermeidendes Verhalten führt dazu, dass man seinen Frust in sich herein frisst, von Tag zu Tag schlechter gelaunt ist und irgendwann entweder explodiert oder an seiner eigenen Wut psychisch erkrankt. Überwinden Sie Ihre Angst und setzen Sie die Segel in Richtung Konfrontation. Dazu müssen Sie keinen Streit vom Zaun brechen. Ruhe und Sachlichkeit sind auch hier das A&O.

Wenn das Thema von größerer emotionaler Wichtigkeit ist, dass Sie sich Zeit für eine ernsthafte Introspektion nehmen. Suchen Sie sich einen ruhigen Moment und fühlen Sie in sich hinein: Was sind Ihre „echten" Gefühle und Gedanken zu dem entsprechenden Thema? Was sind Ihre moralischen Überzeugungen dazu? Wer diese Fragen für sich beantwortet hat (und das ist schwerer, als es scheint), kann leichter seinen Standpunkt vertreten.

Wenn Sie die entsprechende Person auf ihr Verhalten ansprechen, ist es hilfreich, Verständnis für seine oder ihre Gefühle auszudrücken: „Ich verstehe, dass du Angst vor...hast“, „Es ist in Ordnung, dass du dich schlecht fühlst, weil...“. Daraufhin teilen Sie ihr Ihre Sicht auf die Dinge mit und beschreiben auch die psychischen Konsequenzen, die die Manipulation auf Sie hat: „Wenn du ... , fühle ich mich eingeengt“, „deine Aussagen zu ... pflanzen in mir Ängste, die ich vorher nicht kannte“. Erklären Sie gern Ihre persönlichen Bedürfnisse und Wertevorstellungen.

Sie werden merken, dass sich viele Personen ihrer eigenen Verhaltensmuster gar nicht so genau bewusst waren. Manipulation erfolgt nicht immer nach Plan. Oft verfallen Menschen ganz automatisch in manipulative Strukturen, weil sie keinen anderen Ausweg aus ihren eigenen Gefühlen der Unsicherheit und Angst sehen. Das soll derlei Verhaltensweisen nicht beschönigen. Es soll nur deutlich machen, dass ein ehrliches Gespräch darüber nicht nur Ihnen hilft, sondern vielleicht auch den Anderen.

Manipulation der Information

In einem Zeitalter, in dem der Begriff Fake News zu einem der verbreitetsten Worte gehört, ist es von großer Wichtigkeit über die Manipulation von Informationen zu sprechen. Dazu gehören nicht nur ebenjene Falschmeldungen. Auch zu 100 % wahre Informationen können manipuliert wiedergegeben werden. Die Art und Weise, wie eine Information verpackt ist, also in welchen Kontext sie gesetzt wird, ist elementar dafür, wie sie von uns bewertet werden.

Ein Beispiel: Jemand berichtet Ihnen, dass in Deutschland jährlich etwa 100.000 Vögel von Windrädern getötet werden. Ziemlich viele, oder? Was macht diese Information mit Ihnen? Was für ein Bild haben Sie im Kopf? Stehen Sie Windrädern genauso gegenüber wie vorher oder bewerten Sie sie eventuell schon etwas negativer als zuvor? Setzen wir die Information mal in einen neuen Kontext: Jedes Jahr sterben pro Windrad vier Vögel. Wie sieht es nun aus? Das klingt schon weniger schockierend, oder? Mathematisch gesehen, ist es aber die exakt gleiche Information. Wenn Sie jetzt noch erfahren, dass in den USA jährlich circa 2,5 Milliarden Vögel von Hauskatzen getötet werden (in Deutschland wird die Zahl auf ungefähr 200 Millionen geschätzt), kommen Ihnen die 100.000 Opfer der Windräder wahrscheinlich gar nicht mehr so wahnsinnig viel vor, wie zu Anfang.

Der Mensch hat große Schwierigkeiten dabei, sich große Zahlen wirklich vorzustellen. Alles, was über die 10.000 hinausgeht, ist für das Durchschnittsgehirn eigentlich nicht wirklich sinnvoll zu verarbeiten. Wenige sind sich beispielsweise dem gigantischen Unterschied einer Million und einer Milliarde bewusst. Eine Million Sekunden sind 11 Tage. Eine Milliarde Sekunden sind 32 Jahre.

Wenn wir also auf die Zahl 100.000 stoßen, denken wir erstmal nur an „viel". Wie viel 100.000 Vögel auf die Gesamtpopulation hochgerechnet sind oder welche Todesursache noch gängiger sein könnte – darüber machen wir uns gar keine Gedanken. So entsteht in unseren Köpfen das Missverständnis, dass Windräder ein ernsthaftes Problem für den Vogelbestand darstellen könnten. Der Fakt war korrekt, doch die Schlussfolgerung daraus war es nicht.

Auch die Dating-Website Parship nutzt geschickt die suggestive Kraft der Zahlen für Ihre Werbung. Laut

Werbung verliebt sich „alle 11 Minuten" jemand auf Parship. Das klingt vielversprechend. Es scheint auf Parship rasend schnell zu gehen, eine*n tolle*n Partner*in zu finden. Betrachten wir die Zahl jedoch mal genauer. Die Plattform hat rund 5 Millionen User. Wenn sich alle 11 Minuten jemand „verliebt", sind das etwa 130 User am Tag. Auf die Anzahl der User hochgerechnet, sind das gerade mal 0,00005 %. Pro Jahr verlieben sich circa 2 % der Parship-Nutzer*innen. Das bedeutet auf Einzelpersonen hochgerechnet, dass sie knapp 9 Jahre warten müssen, bis sie eine*n Partner*in über Parship finden. Wenn man die Anzahl der Abmeldungen berechnet, die erfolglos geblieben sind, die also keine*n Partner*in über die Webseite gefunden haben, und diese der Anzahl der Erfolgsfälle gegenüber stellt, kann man einen krassen Unterschied erkennen. Unter allen Abgängern bleibt nämlich die Mehrzahl (62 %) erfolglos. Der Logik folgend würde man also sagen müssen: Alle 8 Minuten verlässt ein Single Parship, ohne sich verliebt zu haben. So ausgedrückt klingt das Konzept schon etwas weniger erfolgversprechend, oder?

So seriös eine Statistik auch wirken kann, es lohnt sich immer sie zu hinterfragen. Lassen Sie sich nicht von aufgehübschten Fakten täuschen, sondern werfen Sie einen Blick hinter die Kulissen. Es ist grundsätzlich hilfreich, sich Vergleichswerte zu suchen, sobald Sie mit Zahlen oder Fakten konfrontiert werden, die nicht mehr für Sie greifbar sind.

Wenn Sie in Aktien eines Unternehmens investieren wollen, das damit wirbt, seinen Umsatz im letzten Jahr verdoppelt zu haben, fragen Sie sich: „Worauf hat der Umsatz sich verdoppelt? Wie ist der Umsatz aktuell, im Vergleich zu anderen Unternehmen?"

Nicht nur in der Welt der Zahlen kann Information manipuliert werden. Sie kennen bestimmt das Sprichwort „Jede Geschichte hat zwei Seiten". Wenn sich Ihre beiden Kinder streiten, wird Ihnen Ihr Sohn eine andere Geschichte auftischen als Ihre Tochter. Das ist ganz normal und heißt nicht einmal zwingend, dass eine*r der beiden lügt. Verschiedene Personen nehmen Sachverhalte ja wirklich ganz unterschiedlich wahr. Doch es liegt an Ihnen, als außenstehende Person, herauszufinden, wie das Ganze wirklich abgelaufen ist. Versuchen Sie daher immer, sich in verschiedene Positionen hineinzuversetzen und keine voreiligen Schlüsse zu ziehen. Nur dann können Sie Ihre Meinung wirklich unabhängig bilden. Nur weil Ihre Freundin sauer auf einen gemeinsamen Freund ist, müssen Sie ja nicht gleich auch sauer auf ihn sein. Suchen Sie lieber das Gespräch mit ihm und hören Sie sich seine Version der Geschichte an.

In den Medien, deren einzige Aufgabe es ja ist, Information zu präsentieren, wird ebendiese auch zwangsläufig manipuliert. Sie werden über das gleiche Ereignis in fünf verschiedenen Zeitungen fünf verschiedene Berichte lesen können. Auch das ist, bis zu einem gewissen Grad, unvermeidbar und auch nicht direkt verwerflich. Dennoch kann das Filtern des Informationsbestandes auch gravierende Folgen haben.

Werfen Sie einen Blick auf die folgenden Überschriften:

Beispiel 1

Mann (43) schlägt Frau (38) mit Bratpfanne bewusstlos

Frau (38) fügt Mann (43) schwere Verbrennungen mit dem Bügeleisen zu, bis er sie bewusstlos schlägt

Beispiel 2

Noch immer stammt über 40 % des deutschen Stroms aus fossilen Energiequellen, wie z.B. Kohle.

Knapp 60 % des deutschen Stromes stammen bereits aus erneuerbaren Energien, wie z.B. Solar- und Windkraft.

Beispiel 3

Polizei verdächtigt Kindergärtner Jan H. wegen Missbrauches an Kleinkindern des Kindergarten „Grüne Hasen".

Polizei ermittelt im Kindergarten „Grüne Hasen" wegen Verdachtes auf Missbrauch.

Es wurde zwar immer die exakte gleiche Information vermittelt, jedoch immer anders dargestellt. Im ersten Beispiel wurde ein Teil des Tatherganges verschwiegen, sodass der Mann als Alleintäter dasteht. Im zweiten Beispiel wurde die gleiche Information einmal positiv und einmal negativ beschrieben. Das dritte Beispiel versucht durch die erste Überschrift den Vorfall möglichst dramatisch darzustellen. Es werden explizit Kleinkinder erwähnt, um den angeblichen Vorfall noch schockierender zu präsentieren. Außerdem wird ein Verdächtiger namentlich genannt, obwohl weder seine

Schuld bewiesen ist, noch klar ist, ob es nicht auch andere Verdächtige gibt. Die zweite Überschrift stellt die Tatsache objektiver dar.

Fake News, also falsche Meldungen, setzen dem ganzen noch einen drauf. Reihenweise fallen Leute auf die dreistesten Lügen herein, wenn diese gut verpackt sind und seriös aussehen. Vermutlich ist das den meisten Menschen schon passiert. Da schließe ich mich selbst auf keinen Fall aus. Von nun an sollten wir aber wachsamer und kritischer werden, um unsere Fehler in Zukunft zu vermeiden.

Lösungsstrategien gegen Manipulation der Information

Üben Sie sich im Hinterfragen. „Warum hat dein Freund dich den ganzen Abend lang ignoriert? Hast du ihm einen Grund dazu gegeben?“ „Was bedeutet es für meine Finanzen, wenn ich jährlich 0,5 % Rendite ausgeschüttet bekomme? Bekomme ich woanders eventuell noch mehr?“ „Ich weiß, dass es in Paris regelmäßig zu Überfällen kommt. Aber wie groß ist die reale Gefahr für mich persönlich?“

Wenn Sie eine Geschichte hören, denken Sie nicht an das Erwähnt, sondern an das Verschwiegene. Welche

Information könnte Ihnen vorenthalten worden sein? Und warum? Wie bereits erwähnt, lohnt es sich immer, Vergleichswerte heranzuziehen. Wichtig ist auch oft, herauszufinden, wer die Information überhaupt generiert hat. Vor allem Unternehmen berufen sich liebend gern auf Statistiken. Das schreit zwar nach außen hin Objektivität und Seriosität, ist aber oft genau das Gegenteil. In vielen Fällen haben die Unternehmen die Erhebungen selber in Auftrag gegeben und konnten darüber mitbestimmen, welche Personen und mit welcher Methode untersucht werden. „Glaube nur einer Statistik, die du selbst gefälscht hast", lautet das passende Sprichwort dazu. Klingt absurd, ist aber viel Wahres dran! Wenn Sie im Internet, in der Zeitung oder in einem Buch etwas lesen, prüfen Sie nach, ob die Information von einer seriösen Quelle kommt, bevor Sie sich nachhaltig davon beeinflussen lassen. Dank dem Internet ist der Faktencheck einfach und unkompliziert. Nutzen Sie diese Möglichkeit!

Manipulation durch Reziprozität

„Wie du mir, so ich dir"

Dieser kleine Satz könnte fast als grundlegende, moralische Regel des zivilisierten, menschlichen

Zusammenlebens gelten. Solange du nett zu mir bist, bin ich auch nett zu dir. Solange du mich in Ruhe lässt, lasse ich dich auch in Ruhe. Aber willst du mir böses, werde ich nicht scheuen mich zu wehren. Ein simples und effektives Konzept.

So hat es sich also in unsere Köpfe eingebrannt, dass Gleiches mit Gleichem belohnt (oder bestraft) werden muss. Diese Denkweise kann auch ausgenutzt werden. Ist Ihnen auch schon einmal aufgefallen, dass Ihre Mitmenschen immer auffällig zuvorkommend sind, bevor Sie um einen Gefallen bitten? Ihre Tochter räumt freiwillig den Tisch ab, bevor sie um Konzertkarten bittet. Oder Ihr Kollege bringt Ihnen einen Kaffee an den Schreibtisch, bevor er Sie fragt, ob Sie nicht nächste Woche für ihn einspringen können. Auch Gratis-Häppchen am Marktstand oder der leckere Cappuccino beim Finanzberater basieren nicht auf purer Nächstenliebe, sondern auf Kalkül. Sie sollen das Gefühl vermittelt bekommen, irgendwie in der Bringschuld zu stehen. Ganz á la „ich habe dir etwas Gutes getan, jetzt bist du an der Reihe".

Lösungsstrategien gegen Manipulation durch Reziprozität

Reziprozitätsstrategien zu durchschauen ist nicht schwer. Sie werden Sie vermutlich schon häufig erkannt haben. Sie müssen also nur noch die mentale Verbindung zwischen der Gefälligkeit und Ihren eigenen Entscheidungen kappen. Versuchen Sie, sich vorzustellen, wie Sie reagieren würden, wenn Ihnen nicht vorher das Leben ein wenig versüßt worden wäre.

Manipulation durch Konformität

Menschen sind Herdentiere. Auch wenn damit nicht gesagt ist, dass wir gedankenlos einer Masse hinterherrennen, orientieren wir uns doch tendenziell immer irgendwie an der Mehrheit. Das kann man hervorragend an dem Kommen und Gehen verschiedener Kleidungsstile beobachten. Auch kulturelle Subgruppen, wie zum Beispiel Punks oder Hippies, kleiden sich gern entsprechend der Zugehörigkeit ihrer Szene. Jede*r Raucher*in kann den Gruppeneffekt nur zu gut bestätigen: angefangen haben fast alle, weil „alle es gemacht haben“ oder weil sie „cool sein wollten“.

Die Gruppenkonformität ist sogar bereits experimentell bewiesen worden. In dem sogenannten „Asch-Experiment" präsentierte der Psychologie Solomon Asch einer Gruppe von Personen eine Grafik von drei unterschiedlich langen Linien, einer sehr kurzen, einer sehr langen und einer mittleren. Daneben hielt er ihnen ein Bild einer einzelnen, mittellangen Linie vor. Die Personen sollten der Reihe nach sagen, welche der drei Linien der einzelnen Linie der Länge nach entspricht. Doch der Clou dahinter war folgender: Alle Personen, abgesehen von einer einzigen, waren in das Experiment eingeweiht und gaben absichtlich alle die gleiche, falsche Antwort. Als Letztes war die „echte" Versuchsperson dran. Ganze 55 % der Teilnehmer gaben demzufolge auch die falsche Antwort, obwohl die richtige Antwort ganz eindeutig zu sehen war. Nach dem Experiment begründeten sie ihre Entscheidung damit, dass sie ungern auffallen wollten oder negative Konsequenzen der Gruppe fürchteten. Manche zweifelten sogar wirklich an sich selbst und glaubten irgendwann, die Mehrheit würde bestimmt recht haben.

Der Wunsch nach Konformität ist eng verknüpft mit unserem tiefen Bedürfnis nach Zugehörigkeit. Niemand will ein* einsame*r Einzelkämpfer*in sein. Wir alle brauchen Menschen um uns herum, die uns helfen, die uns lieben und die uns trösten. Daher ergibt es durchaus Sinn, dass wir uns an anderen Menschen orientieren. Oft kann es uns bei unserer persönlichen Entwicklung sogar durchaus weiter helfen, wenn wir bereit sind von anderen Menschen zu lernen. Doch, wie man im Falle des Rauchens sieht, ist das leider nicht immer der Fall. Wer ausschließlich darauf schaut, was die Anderen machen, verliert seinen eigenen Lebensweg aus den Augen. Außerdem meint es nicht jede Person ausschließlich gut mit uns. Und wer sich allzu leicht von außen beeinflussen lässt, ist ein leichtes Opfer für Manipulation.

Die findet dann statt, wenn jemand gezielt Einfluss auf Sie nehmen möchte und sein oder ihr Argument auf dem klassischen Argument der Mehrheit basiert. Das können Privatpersonen sein, aber auch Firmen und Unternehmen nutzen die Macht der Massen in der Werbung.

Beispiele

„Komm, trink doch noch einen. Wir sind doch hier alle betrunken."

„Du gehst nicht auf die Party heute Abend? Aber alle unsere Freunde werden da sein!"

„Bauchfreie Shirts zieht heutzutage einfach keiner mehr an."

„95 % aller Testpersonen bewerten unseren Fliesenreiniger als gut oder sehr gut!"

„Komisch, vor Ihnen hat das noch niemanden gestört. Sind Sie sich wirklich sicher, dass Sie eine Beschwerde einreichen wollen?"

„Alle lieben Leo: Mit großer Mehrheit wurde Leonardo Di Caprio erneut zum „Sexiest Man Alive" gewählt."

„Über 70 % der Deutschen halten den Kanzlerkandidaten XYZ für ungeeignet."

„Wie fandest du das Konzert? Wir fanden es alle super! Eines der besten Konzerte, die ich je gesehen habe."

Lösungsstrategien gegen Manipulation durch Konformität

Um die entscheidenden Momente zu nutzen, in denen man gegen den Strom schwimmen will, muss man auch erkennen, wann man mit dem Strom schwimmt. Eine grundsätzliche Anti-Gegen-Alles-Haltung ist weder sinnvoll, noch besonders authentisch. Es ist durchaus keine Schande ein bisschen „normal" zu sein. Doch wenn man wirklich mal anderer Meinung ist, sollte man auch für seine Überzeugungen einstehen können. Überlegen Sie mal selbst. Haben auch Sie mal etwas aus „Gruppenzwang" gemacht? Haben auch Sie sich einmal von der Meinung einer Mehrheit überzeugen lassen? Finden Sie in Ihrem Leben vielleicht jetzt noch Verhaltensweisen, die Ihnen von Freund*innen oder gesellschaftlichen Trends auferlegt worden sind? Wenn Sie ein wenig aufmerksam sind, werden Sie schnell selbst merken, wann Sie aus Konformitätsgründen agieren. Wenn Sie diesen kurzen Impuls spüren, zu widersprechen, zu verneinen oder abzulehnen... und es dann doch nicht tun. Sich der Masse zu widersetzen ist hart. Fangen Sie daher besser klein an. Eventuell versuchen Sie das Durchsetzen Ihrer nonkonformen Meinung erst einmal in einem Kreis mit guten

Freund*innen oder völlig Fremden (manchen fällt es bei Fremden leichter, sein wahres Ich zu zeigen). Von Mal zu Mal werden Sie sich Ihrer Sache sicherer werden und irgendwann mit Stolz Ihre persönlichen Ansichten vertreten können.

Manipulation durch Stringenz

Psychologen zufolge sind Logik und Stringenz tief in der Gehirnstruktur der Menschen verwurzelt. Wir lieben es, wenn Sachen Sinn ergeben und Handlungen kausale und folgerichtige Konsequenzen haben. Konsequente Menschen werden eher für intelligent, ehrlich und stark gehalten, während inkonsequente Menschen oft den schlechten Ruf als unzuverlässige Faulenzer haben. Diese Liebe zur Stringenz zwingt uns oft selbst zu Handlungen, auf die wir eigentlich gar keine Lust haben.

Sie stehen, zum Beispiel, vollkommen übermüdet im Supermarkt und denken: „Wenn ich schon mal hier bin, kann ich auch gleich Blumenerde kaufen. Wird zwar schwer auf dem Fahrrad, aber dann hab ich das erledigt."

Oder Sie denken im Fitnessstudio: „Jetzt, wo ich schon mal hier bin, muss ich auch nach dem Work-Out noch 20 Minuten aufs Laufband."

Oder Sie denken im Auto: „Mist, jetzt bin ich extra so weit gefahren und jetzt hat der Laden zu. Na gut, dann fahre ich halt noch 15 Minuten länger zum nächsten Laden, sonst war ja alles für die Katz'."

Oder Sie argumentieren: „Jetzt haben wir schon so viel Zeit in den Gemüsegarten investiert. Wenn wir jetzt aufgeben, war das alles umsonst."

Viel zu oft handeln wir, weil etwas logisch ist und nicht, weil wir wirklich so handeln wollen. Manchmal tut es uns auch überhaupt nicht gut, der scheinbaren Logik zu folgen. Wirtschaftswissenschaftler*innen raten Kleinunternehmer*innen stets, das sinkende Schiff früh genug zu verlassen, falls das Business schlecht läuft. Auch wenn „schon so viel investiert" worden ist und die Unternehmer*innen emotional nicht verkraften, dass es „alles umsonst" war, ist es viel wirtschaftlicher ein gescheitertes Projekt früh abzubrechen und einfach ein neues Projekt anzufangen. In der Regel verhalten sich Unternehmer*innen aber nicht so. Sie stecken immer mehr und mehr Geld in ihr Projekt, mit der Hoffnung, dass es eines Tages doch noch klappen wird...und sind am Ende komplett bankrott.

Der Spruch „Wer A sagt, muss auch B sagen" ist uns allen ein Begriff. Aber ist das wirklich so? Können wir nicht vielleicht auch einfach mal nur A sagen? Oder nur B? Oder am liebsten direkt gleich D!

Aufbauend auf dieser Konsequenzlogik wurde eine, mittlerweile weit verbreitete, Überzeugungstechnik entwickelt. Sie heißt Foot-in-the-door-Technik (dt. Fuß-in-der-Tür-Technik). Zunächst bittet man jemanden um einen kleinen Gefallen, den diese Person wahrscheinlich nicht ausschlagen wird. Wurde die erste Bitte erfüllt, rückt man mit der eigentlichen Bitte heraus, die viel größer ist. In vielen Experimenten wurde nachgewiesen, dass die Wahrscheinlichkeit dafür, dass jemand Ihnen einen Gefallen tut, stark ansteigt, wenn Sie diesen jemanden zuvor nach einer winzigen Gefälligkeit gefragt haben. Die beiden Gefallen müssen nicht mal in Zusammenhang stehen und der erste kann so unbedeutend sein, wie eine simple Frage nach der Uhrzeit. In entsprechenden Feldstudien willigten deutlich mehr Frauen ein, einem Mann ihre Telefonnummer zu geben, wenn dieser sie vorher nach einer Wegbeschreibung gefragt hatte. In einem anderen Versuch wurden Studierende auf die Straße geschickt, um Passanten nach Kleingeld zu fragen. Die falschen Bettler*innen nahmen circa 50 % mehr ein, wenn sie ihre Bitte mit einer Frage nach der Uhrzeit einleiteten. Ein Experiment ging sogar noch weiter und überprüfte, ob auch moralisch oder ethisch verwerfliche Handlungen durch den Fuß-in-der-Tür verstärkt werden. Und tatsächlich: Jede*r Fünfte kaufte dem 9-jährigen Jungen, der kurz vorher nach Wechselgeld gefragt hatte, daraufhin das gewünschte Pornoheft. Ohne die vorherige Bitte gingen nur 6 % auf den Wunsch ein, also etwa jede*r 19te.

Es wird angenommen, dass diese Taktik funktioniert, weil das Gehirn bei dem Erfüllen einer Bitte automatisch ein kurzweiliges positives Selbstbild kreiert. Man sieht sich selbst als freundliche, hilfsbereite Person. Dieses Selbstbild will der Mensch unbedingt aufrechterhalten, weil er stringent in seiner Persönlichkeitsabbildung sein will. Es wäre ja völlig unlogisch, erst zuvorkommend und dann ablehnend zu sein.

Es geht sogar so weit, dass Menschen ihre Mitbürger*innen tatsächlich sympathischer finden, sobald sie ihnen einen kleinen Gefallen tun könnten. Allein die Tatsache, dass sie bereits etwas in die

Beziehung zu einem Mitmenschen investiert haben, und sei es auch noch so unbedeutend, wird vom Gehirn als positiv konnotiert. Es weiß, dass wir unseren Freund*innen gern helfen. Jetzt haben wir dieser fremden Person geholfen. Das heißt doch im Umkehrschluss, dass sie eine freundliche Person ist, oder? Wir würden ja nie einer unsympathischen Person helfen, das wäre ja völlig irrational. Wenn Sie also, zum Beispiel, neue Nachbarschaftskontakte knüpfen wollen, fragen Sie lieber nach etwas Zucker, anstatt ein Brot vorbeizubringen.

Im Gegenzug sollten Sie vorsichtig bleiben, um nicht durch Foot-in-the-Door-Techniken überzeugt zu werden. Verkäufer*innen könnten diese, zum Beispiel, nutzen, um Ihnen etwas zu verkaufen, das Ihnen eigentlich zu teuer ist. Daher bieten Sie Ihnen zuerst etwas sehr Günstiges an und präsentieren danach erst das eigentliche Produkt. Auch in anderen Lebensbereichen kann die Technik manipulativ gegen Sie verwendet werden.

Lösungsstrategien gegen Manipulation durch Stringenz

Versuchen Sie sich einfach mal in unlogischem oder inkonsequenten Verhalten. Nicht alles muss immer perfekt durchgeplant sein. Es ist völlig ok, seine Meinung zu ändern. Es ist auch nichts Schlimmes, mal einen Plan abzusagen. Sehen Sie derlei Veränderungen nicht als Imperfektion, sondern als ehrliche Selbstreflexion. Sie haben doch keine Lust ins Schwimmbad zu gehen? Sagen Sie ab! Sie haben sich eine Hose zurücklegen lassen, die Ihnen am nächsten Tag doch nicht mehr so gut gefällt? Lassen Sie sie liegen! Sobald Sie mehr auf Ihre Intuition und Ihre Gefühle hören, kann Ihr logisches und stringentes Gehirn Sie nicht mehr so leicht beeindrucken.

Manipulation durch Autorität

Sie fühlen sich krank und möchten daher zum Arzt gehen. Da Sie neu in der Stadt sind, haben Sie noch keinen Hausarzt und recherchieren im Internet nach Praxen in Ihrer Nähe. Zwei Ärzte stehen zur Auswahl. Beide haben Fotos von sich auf ihrer Webseite. Der eine ließ sich lächelnd, in kurzer Hose und einem legeren Pullover ablichten. Der andere hingegen schaut ernst in die Kamera und trägt einen weißen Kittel. Welchen Arzt rufen Sie eher an, um nach einem Termin zu fragen?

Wenn Sie so denken, wie der Großteil der Menschen, wird Ihre Wahl auf den Arzt im Kittel gefallen sein. Ganze 80 % der Befragten entschieden sich für ihn, obwohl ihnen keinerlei Info über die Qualität der ärztlichen Behandlung vorlagen. Als einzige Entscheidungsgrundlage diente ein Foto. Wissenschaftler*innen konnten tatsächlich auch nachweisen, dass Menschen willkürlich zusammengestellte Informationen weniger oft anzweifeln, wenn sie von einer Person im Kittel stammen. Klar: Kittel verbinden wir mit Ärzt*innen und Wissenschaftler*innen, also Personen, die in der Regel einen hohen Bildungsgrad aufweisen. Doch das muss im Umkehrschluss ja nicht bedeuten, dass alle Personen im Kittel Ärzt*innen und Wissenschaftler*innen sind, noch dass sie besonders gebildet sind. Einen Kittel kann sich ja jede Person einfach so kaufen.

Rein optisch wird eine Form von Autorität suggeriert. Autoritätspersonen zeichnen sich meistens dadurch aus, dass sie (jeweils in ihrem Fachgebiet) einen extrem hohes Maß an Wissen und Kompetenz besitzen. Dies ist etwa bei Ärzt*innen, Wissenschaftler*innen, Professor*innen oder Lehrmeister*innen der Fall. Diesen Personen vertrauen wir, oft ohne auch nur einen Hauch Ahnung von der Materie zu haben, weil wir wissen, dass ihr Wissen unseres übersteigt. Weil wir eventuell gar nicht einschätzen können, wie kompetent einzelne Personen wirklich sind, laufen wir schnell in Gefahr Betrüger*innen oder Hochstapler*innen aufzulaufen. Wenn ein*e Mediziner*in Ihnen erklärt, dass Ihre regelmäßigen Kopfschmerzen an einer Überproduktion des Enzymes Asteoparase liegen, bleibt Ihnen erst einmal nichts anderes übrig, als zu glauben, dass dem wirklich so ist. Sie können ja nicht ahnen, dass es solch ein Enzym überhaupt nicht gibt.

In einigen Fällen besitzen Personen aber nur eine gewisse Autorität, weil Ihnen Ihr Berufsstand, zu einem bestimmten Grad, Macht über andere Personen verleiht. Dazu gehören Polizist*innen, Lehrer*innen oder Richter*innen. Ihre Autorität ist absolut und unwiderruflich. Wenn ein*e Lehrer*in einem Kind eine Fünf gibt, dann wird diese Fünf auch im Zeugnis stehen. Das Kind kann sich beschweren, es kann meckern, es kann jammern – aber die Entscheidungsgewalt liegt am

Ende nicht bei ihm. Natürlich wissen wir alle, dass die Entscheidungen solcher Personen nicht völlig willkürlich sein dürfen, sondern dass sie an gesetzliche Vorgaben geknüpft sind. Wir vertrauen darauf, dass kein*e Lehrer*in Fünfen für fehlerfreie Diktate vergibt. Genauso bauen wir darauf, dass uns kein*e Richter*in zu einer Gefängnisstrafe verurteilen kann, nur weil wir ihn oder sie persönlich verärgert haben. In 99 % der Fälle ist dieses Vertrauen wohl auch angebracht. Doch es gibt auch unter Beamt*innen immer wieder Einzelfälle, die dieses Vertrauen in die Uniform ausnutzen. Vergessen Sie nie, dass Sie, egal wer vor Ihnen steht, immer ein Recht auf Zweifel haben! Egal, ob es sich dabei um den Papst, den Präsidenten von Amerika, der Schulleiterin oder der Polizeichefin handelt! Nur das Innehaben einer bestimmten Machtposition macht Menschen nicht inhaltlich unangreifbar.

Bei der Polizei oder beim Militär wird die Autorität durch spezifische Uniformierung unterstrichen. Diesen Wiedererkennungswert nutzen auch Trittbrettfahrer*innen aus. Als Polizist*innen verkleidet, haben schon viele Verbrecher*innen ihre Opfer an der Nase herumgeführt. Ein Klassiker: Sie halten Ihr Auto auf einer leeren Straße an, weil Sie von zwei Verkehrspolizistinnen dazu aufgefordert wurden. Kaum haben Sie das Fenster heruntergelassen, zückt die eine Polizistin ihre Waffe und fordert Sie dazu auf, Ihre Wertsachen abzugeben. Die beiden sind gar keine Polizistinnen, sondern haben sich einfach nur ein Karnevalskostüm und einen ernsten Gesichtsausdruck zugelegt.

Uniformen, Kittel, Anzüge – all das sind scheinbare Anzeichen für Macht, Wissen oder Erfolg. Doch denken Sie immer daran, dass der Schein trügen kann. Nicht jede Person im Kittel ist Mediziner*in. Nicht jede*r Mediziner*in ist so kompetent, wie Sie denken. Und auch nicht jede*r kompetente Mediziner*in will Ihnen immer etwas Gutes.

In dem, 1961 durchgeführten, sehr berühmten Milgram-Experiment wurde sehr deutlich aufgezeigt, wie gefährlich blinde Autoritätshörigkeit werden kann. Der Psychologe Stanley Milgram lud Proband*innen zu der Teilnahme bei einem Experiment ein. Er gab vor, eine neue Methode des Lernens solle an einer Gruppe Schüler*innen getestet werden. Die Aufgabe der Probanden war es, ihnen unbekannten Personen Fragen zu stellen und jede Falschantwort mit einem Elektroschock zu bestrafen. Nach jeder unkorrekten Antwort sollte die elektrische Spannung der Schocks um jeweils 15 Volt werden, sodass die Schocks von Mal zu Mal schmerzhafter wurden. Das wurde den Teilnehmer*innen von einem seriös wirkenden Mann, der einen Kittel trug, sachlich erklärt.

Natürlich hat Milgram nicht wirklich die Wirkung von Elektroschocks auf das Lernverhalten untersucht und auch niemanden wirklich damit gequält. Alle „Schüler" waren in Wirklichkeit Schauspieler*innen, die bei jedem Schock lauter schrien, klagten, weinten und bettelten. Eigentlich wollte Milgram herausfinden, wie sehr die Proband*innen der Autoritätsperson „gehorsam" sind und die angeblichen Schüler*innen gegen ihren eigenen Willen foltern. Die Autoritätsperson (der Versuchsleiter im weißen Kittel) sollte im gleichen Raum bleiben und bei Zweifeln oder Rückfragen darauf bestehen, dass das Experiment zu Ende geführt werden müsse. Dabei blieb er zwar bestimmt und ernst, verfiel aber nie in einen drohenden Ton. Das Ergebnis erschrak sogar Milgram selbst, wie er später zugab. 65 % der Proband*innen führten das Experiment bis zum Ende durch, obwohl die

Schüler*innen laute Schmerzensschreie ausstießen und um das Beenden der Tortur bettelten. Die letzten Stromstöße hatten eine vermeintliche Spannung von 450 Volt. Echte Schüler*innen hätten Stromstöße dieser Stärke eventuell sogar töten können. Milgram beschrieb später, dass die Proband*innen ganz offensichtlich unter ihren eigenen Handlungen litten und mehrfach die Versuchsleitung darum baten, abbrechen zu dürfen. Trotzdem befolgte der Großteil von ihnen bis zum Schluss die Anweisungen.

Lösungsstrategien gegen Manipulation durch Autorität

Egal, ob Autorität durch bestimmte Kleidung oder besonders selbstsicheres Auftreten dargestellt wird, anzweifelbar ist sie immer! Ihr Chef ist Ihnen zwar vorgesetzt, doch auch er kann sich irren. Die Frau auf dem Werbeplakat für Schachtelhalmtabletten, die gegen Blasenschwäche helfen sollen, ist zwar gekleidet wie eine Ärztin, muss deswegen aber keine sein. Ihr Vater ist zwar älter als Sie und hat Sie sicher bis ins Erwachsenenalter gebracht, doch hat er trotzdem kein Recht dazu sich in Ihre Lebensentscheidungen einzumischen. Das zu erkennen, ist der wichtigste Schritt zur Selbstbestimmung.

Wenn Sie sich wirklich einmal gegen Machtmissbrauch wehren müssen, sei es gegen eine*n Chef*in, eine*n Beamt*in oder ähnliche, handeln Sie auf jeden Fall überlegt. Leider ist es oft so, dass diese Person wirklich eine Macht über einen Teil Ihres Lebens hat. Suchen Sie sich auf jeden Fall Beistand, wenn es sein muss, auch juristischer Art. Bereiten Sie sich gut auf eine mögliche Konfrontation vor. Hilfreich ist es immer, die eigenen Rechte zu kennen und das auch zu kommunizieren. Werden Sie auf keinen Fall aggressiv, sondern bleiben Sie ruhig und sachlich. Sie wollen niemandem die Chance geben, eventuelle Ausfälle gegen Sie verwenden zu können. Stimmen Sie auf gar keinen Fall verbindlichen Verträgen oder Abmachungen zu, über die Sie sich nicht sicher sind. Und denken Sie immer daran: niemand ist unangreifbar!

EXKLUSIVER BONUS

HÖRBUCH GRATIS ERHALTEN

Das 1x1 der Manipulation

Halten Sie Ihre Handykamera einfach auf den QR Code
und kommen Sie so zu dem Gratis-Download:

QR-Code mit Kamera scannen und
GRATIS Bonus erhalten:

Entlarvt! So kommen Sie Lügnern auf die Spur

Jeder Mensch lügt, und zwar öfter, als er das selber denkt. Durchschnittlich gehen uns täglich zwischen 20 und 30 Lügen über die Lippen. Die meisten davon sind entweder total unerheblich (Immer antworten wir mit „Gut", wenn uns die Bäckerin danach fragt, wie es uns geht) oder richten zumindest keinen Schaden an (Wenn wir etwa behaupten, das Weihnachtsgeschenk von Tante Irma hätte uns total gut gefallen, auch wenn wir es eigentlich ganz hinten im Schrank verstecken).

Wahrscheinlich haben Sie es aber auch selbst schon einmal erlebt, dass Sie bewusst von einer Person angelogen wurden, die damit auf jeden Fall nichts Gutes im Kopf hatte. Vielleicht hat Ihre Tochter Ihnen die Preise in der Eisdiele falsch angegeben, um das Wechselgeld zu behalten oder eine Freundin hat behauptet, ihr Auto sei in der Werkstatt, um Ihnen nicht beim Umzug helfen zu müssen. Auch Sie haben bestimmt schon mal die Ausflucht in eine Lüge gewählt, um sich aus einer Situation herauszuwinden. Vielleicht haben Sie auch schon ein paar Mal Unwahres erzählt, um einen persönlichen Vorteil daraus zu ziehen.

Kinder lügen unheimlich gerne, sind aber gleichzeitig unglaublich schlecht darin. Sie haben ihre Gesichtszüge noch nicht gut genug unter Kontrolle, als dass sie ihre Nervosität verbergen könnten. Außerdem reicht ihre Vorstellungskraft oft nicht dazu aus, sich glaubwürdige und konsistente Lügengeschichten ausdenken zu können. Auch viele Erwachsene lassen sich recht einfach lesen. Sie lügen ungern und haben nie viel Zeit in das Errichten von falschen Fassaden investiert. Andere jedoch, arbeiten aktiv daran, sich in der Kunst der Verschleierung zu perfektionieren. Es gefällt ihnen, andere hinters Licht zu führen und immer nur zu zeigen, was sie zeigen wollen. Oft sind es egoistisch denkende Personen, die entweder sich oder ihre Mitmenschen falsch darstellen wollen. So sind oft genau jene Personen, die möglichst oft betonen, wie ehrlich und aufrichtig sie sind, eigentlich die hinterhältigsten und verlogensten.

Mit solchen Leuten wollen Sie natürlich keine Sekunde Ihrer Zeit mehr verbringen. Sie wollen weder betrügende Partner*innen oder falsche Freund*innen, noch, die Wahrheit beschönigende, Chef*innen oder betrügerische Verkäufer*innen in Ihrem Leben tolerieren.

Bei nahestehenden Personen, die Sie schon lange kennen, wird es Ihnen vermutlich leichter fallen, eine Lüge zu entdecken, vorausgesetzt diese Person geht grundsätzlich eher ehrlich und offen mit Ihnen um. Meist beginnt das Erkennen einer Lüge mit einem ungewissen Gefühl, dass irgendetwas nicht stimmt. Ihr Gegenüber verhält sich irgendwie anders als sonst. Ihre Freundin, die sonst kaum zwei Sekunden den Mund halten kann, ist auf einmal ganz wortkarg. Ihre Partnerin, die sonst eher leise und gemächlich spricht, verhaspelt sich plötzlich in ihrem hektischen Redeschwall. Bei Verhaltensveränderungen dieser Art sollten Sie skeptisch werden. Irgendwas wird Ihnen verheimlicht. Sprechen Sie diese Person aber darauf an, versichert sie Ihnen, dass alles ganz normal ist. Und wenn Sie sie einer Lüge beschuldigen, streiten Sie diese vehement ab. Was nun? Glauben Sie ihr oder glauben Sie ihr nicht?

Lügen ist Stress. Vor allem, sobald der oder die Lügner*in unsicher wird, ist sie großem Stress ausgesetzt, was bedeutet, dass sie ihren mimischen und körperlichen Ausdruck nicht mehr perfekt unter Kontrolle hat. Menschen, die dabei sind beim Lügen ertappt zu werden, wollen der Situation innerlich entfliehen. Das können Sie an folgenden Merkmalen erkennen:

1. Schnelle Themenwechsel oder Abbruch der Konversation
2. Augen: Schaut die Person hektisch hin und her, sucht sie unterbewusst einen Fluchtweg.
3. Körpersprache: Bewegt sich die Person Richtung Ausgang, indem sie sich, zum Beispiel, neben die Tür stellt? Zeigen Ihre Füße zum Ausgang. All das sind Anzeichen dafür, dass sie gerade nicht die Wahrheit erzählt.

Ein anderer unbewusster Reflex, den lügende Menschen zeigen, ist sich zu verstecken. Natürlich ziehen sie sich nicht die Bettdecke über den Kopf, doch ihr Körper zeigt Anzeichen von Verschlossenheit, wie:

1. Das Verbergen der Hände in Taschen oder unter dem Tisch
2. Die Unfähigkeit lange Blickkontakt zu halten

3. Ein Verbergen des Mundes durch regelmäßiges Fassen ins Gesicht
4. Das automatische Verschränken der Arme

Außerdem verfallen sie natürlich oft in nervöse Ticks oder versuchen, im Umkehrschluss, ihre Aufgeregtheit durch gespielte Lässigkeit zu kaschieren. Das können Sie an folgenden Punkten erkennen:

1. Fahrige Handbewegungen (Kratzen oder Knibbeln) und unruhige Beine
2. Aber auch: unnatürliche Ruhe. Oft ein Zeichen für Schockzustand
3. Gerötetes Gesicht
4. Ein leichtes Schwanken des Oberkörpers
5. Unangemessene Reaktionen (z.B.: Lächeln bei ernsten Themen, Kopfschütteln bei der Bejahung von Fragen)
6. Lippenlecken oder andere zwanghafte Mundbewegungen
7. betont lässige Körperhaltung in einer eigentlich offensichtlich angespannten Situation

Auch auf sprachlicher Ebene verfallen Lügner*innen oft auf ähnliche Muster zurück:

1. Häufiges Zögern, um Zeit zu gewinnen
2. Plötzliches Verändern der üblichen Sprachmuster
3. Ablenken von der eigenen Person durch das Vermeiden des Wortes „Ich“ („Haben Sie Geld aus der Kasse gestohlen?“ „Man stiehlt doch nicht“)
4. Häufiges Benutzen bestätigender Floskeln („Sie können mir vertrauen.“ oder „Ich bin ein sehr ehrlicher Mensch.“)
5. Extrem stringentes Storytelling: authentische Geschichten werden meist eher chaotisch erzählt und enthalten Zeitsprünge und unwichtige Details. Fehlen diese, ist das ein Hinweis darauf, dass sich die Story sorgsam „zurechtgelegt“ wurde.

Bei uns weniger vertrauten Personen ist es oft schwieriger, potenzielle Lügner*innen zu entlarven. Wie immer tut uns daher ein gesundes Maß an Skepsis gut. Sobald Sie einmal eine Inkonsistenz zwischen dem Gesagten und der Realität entdecken, bleiben Sie wachsam und prüfen Sie nach, ob in nächster Zeit noch häufiger gelogen wird. Wenn Sie sich Ihrer Sache sicher sein wollen, können Sie auch mit den folgenden Taktiken ein wenig nachhelfen:

1. Stellen Sie Fragen, deren Antwort Sie schon kennen. Das ist wohl die einfachste und sicherste Methode, einen potenziellen Scharlatan bloßzustellen.
2. Stellen Sie bewusst falsche Thesen in den Raum. Wenn Ihnen beispielsweise jemanden weismachen will, er sei Experte auf dem Feld der Astronomie, sagen Sie: „Ach! Dann kennen Sie doch bestimmt auch den großen Astrophysiker Dr. Martin Heidewald. Ist ein ganz großes Tier in der Szene."
3. Durch bewusst eingesetztes Schweigen verunsichern Sie Ihr Gegenüber enorm. Bereits nach circa vier Sekunden wird Schweigen für die meisten Menschen unbehaglich. Ein*e potenzielle*r Lügner*in lässt sich dadurch eventuell zu unüberlegten Aussagen hinreißen.
4. Verwirrende Fragen: „Wie war das noch mal?", „Kannst du das noch mal wiederholen?", „Sorry,

aber ich hab den Zusammenhang noch nicht verstanden. Was ist nochmal davor passiert?"

5. Nachfragen zu Randthemen: Die Geschichte dreht sich eigentlich um etwas, das in einem Plattenladen passiert sein soll. Fokussieren Sie sich in ein paar Fragen übermäßig auf den (eigentlich unwichtigen) Laden. „Was hatten die da für Platten?", „Waren die Verkäufer*innen nett?", „Wie groß ist der so?"

Drehen Sie den Spieß um – Wie Sie Manipulation für sich nutzen können

All Ihr erlerntes Wissen können Sie nun auch für sich selbst anwenden. Auch für Sie kann es sich manchmal lohnen, Ihre Chance auf Erfolg zu erhöhen.

Aber ist das nicht unmoralisch? Darf ich überhaupt manipulieren?

Dürfen Sie! Alle Menschen manipulieren (auch Sie vermutlich bereits), selbst wenn das oft ganz unbewusst vonstattengeht. Indem Sie sich Ihrer eigenen Manipulation bewusst sind, können Sie zumindest darauf achten, Ihre Manipulationskraft nur in vernünftigem Maße einzusetzen. Ich möchte mich nicht als Ihr Moralapostel aufspielen und glaube, dass die meisten Menschen ein intuitives Gespür dafür haben, wann ihre Handlungen moralisch gut sind und wann nicht. Trotzdem habe ich folgende Grundregeln zur Manipulation aufgestellt, die ich persönlich für sinnvoll halte, um nicht selbst zu einer oder einem kaltblütigen Manipulator*in zu werden.

Grundregeln der Manipulation

1. Setzen Sie Manipulation zu Ihrem Vorteil ein, aber NICHT zum Nachteil anderer Menschen.
2. Nutzen Sie weder die emotionale Manipulation (also Angst- oder Schuldgefühle), noch die Macht Ihrer Autorität.
3. Lassen Sie die Finger von Scheinargumente, sondern nennen Sie die Dinge beim Namen.
4. Bleiben Sie immer ehrlich. Auch mit sich selbst.

Kleine Manipulationsstrategien

Sie werden schnell sehen, wie viel freier Sie sich fühlen, nun da Sie nicht mehr so leicht fremdbestimmt werden können. Wahrscheinlich werden Sie sich auch schnell bewusst, dass eine selbstbewusste und frei entscheidende Person Manipulation kaum nötig hat. Dennoch können Sie natürlich in einigen Situationen damit Ihrem Glück auf die Sprünge helfen.

Es spricht nichts gegen kleine, bewusste Verbesserungsversuche Ihres Alltags. So können Sie zum Beispiel die subtile Kraft der Optik für sich nutzen. Wenn Sie seriös rüberkommen müssen, wählen Sie beispielsweise die Farben marineblau oder grau. Wenn Sie vertrauensvoll erscheinen wollen, kleiden Sie sich lieber in grünen Farbnuancen.

Erinnern Sie sich an die Spiegelneuronen und das Reziprozitätskonzept. Ein Lächeln Ihrerseits wird auch in Anderen ein Lächeln provozieren. Und für einen kleinen Gefallen Ihrerseits, bekommen Sie sicher auch mal einen Wunsch erfüllt. Auch die foot-in-the-door-Strategie ist ein netter Trick, der einem das Leben deutlich leichter machen kann.

Passen Sie bei der Manipulation von Informationen auf, dass Sie nichts Unwahres erzählen. Doch solange Sie bei der Wahrheit bleiben, können Sie sich darin üben, Fakten so zu präsentieren, wie es Ihnen passt.

Ich wünsche Ihnen viel Freude bei Ihrem neuen Leben!

EXKLUSIVER BONUS

HÖRBUCH GRATIS ERHALTEN

Das 1x1 der Manipulation

Halten Sie Ihre Handykamera einfach auf den QR Code
und kommen Sie so zu dem Gratis-Download:

QR-Code mit Kamera scannen und
GRATIS Bonus erhalten:

Haftungsausschluss

Dieses Buch enthält Meinungen und Ideen des Autors / der Autorin und hat die Absicht, Menschen hilfreiches und informatives Wissen zu vermitteln. Die enthaltenen Strategien passen möglicherweise nicht zu jedem Leser, und es gibt keine Garantie dafür, dass sie auch wirklich bei jedem funktionieren. Die Benutzung dieses Buchs und die Umsetzung der darin enthaltenden Informationen erfolgt ausdrücklich auf eigenes Risiko. Haftungsansprüche gegen den Autor für Schäden materieller oder ideeller Art, die durch die Nutzung oder Nichtnutzung der Informationen bzw. durch die Nutzung fehlerhafter und/oder unvollständiger Informationen verursacht wurden, sind ausdrücklich ausgeschlossen. Das Werk, inklusive aller Inhalte, gewährt keine Garantie oder Gewähr für Aktualität, Korrektheit, Vollständigkeit und Qualität der bereitgestellten Informationen. Druckfehler und Fehlinformationen können nicht vollständig ausgeschlossen werden.

Impressum:

Ataro Kitap Yayıncısı, İsmet Kaptan, Gazi Blv.

No:116, 35210 Konak/İzmir, Turkey,

atarokitap.izmir@gmail.com

Printed in Poland
by Amazon Fulfillment
Poland Sp. z o.o., Wrocław

17238310R00066